Spanish English Cognates

Luz Gallego

© 2015 ESDICT.COM. All Rights Reserved.

Spanish English Cognates

Table of Contents

Introduction..1

List 1. General: almost identical spelling...5

List 2. Nouns and adjectives: -or/-or identical..10

List 3. Noun: -or/-or nearly identical..12

List 4. Nouns and adjectives: -al/-al identical...14

List 5. Adjective: -al/-al nearly identical...18

List 6. Noun: -ista/-ist..20

List 7. Noun: -ismo/-ism..22

List 8. Noun: -ncia/-nce..24

List 9. Noun: -dad/-ty..27

List 10. Noun: -dad/-ness...32

List 11. Noun: -ción/-tion..33

List 12. Noun: -sión/-sion..42

List 13. Noun: -mento/-ment...44

List 14. Noun: -ma/-m...46

List 15. Noun: -ta/-t...48

List 16. Noun: -lo/-le..49

List 17. Nouns or Adjectives: -to/-t..51

List 18. Noun: -ia/-y, -io/-y...54

List 19. Adjective: -ivo/-ive...58

List 20. Adjective: -oso/-ous...61

List 21. Adjective: -ico/-ic..63

List 22. Adjective: -ico/-ical..68

List 23. Adjective: -ble/-ble...71

List 24. Adjective: -nte/-nt..75

List 25. Adjective: -ido/-id..80

List 26. Adjective: -il/-ile..81

List 27. Adjectives and nouns: -ario/-ary..82

List 28. Verb: -ar/-ate...84

List 29. Verb: -tar/t, -tir/-t..90

List 30. Verb: VOWEL + CONSONANT + E...94

List 31. Verb: -ificar/-ify..99

List 32. Adverb: -mente/-ly...101

List 33. Spanish English cognates that do not show standard patterns (1).......106

List 34. Spanish English cognates that do not show standard patterns (2).......110

List 35. Spanish English cognates that do not show standard patterns (3).......113

List 36. Spanish English cognates that do not show standard patterns (4).......116

List 37. Spanish English cognates that do not show standard patterns (5).......120

List 38. Spanish English cognates that do not show standard patterns (6).......123

List 39. Spanish English cognates that do not show standard patterns (7).......127

List 40. Spanish English cognates that do not show standard patterns (8).......130

Index..134

Spanish English Cognates

Introduction

The 'convertible' words between English and Spanish are known as cognates. English and Spanish cognates are words in both languages that share the same root (such as Latin root or French root) and are very similar. The collection of Spanish English cognates is a hidden gem for English speakers who are learning Spanish (or for Spanish speakers who are learning English).

The Spanish English cognates fall into suffix categories. For clarity and convenience, the most frequently used cognates have been grouped in the following 32 categories.

List 1. General: almost identical spelling

Many words in English have nearly identical Spanish cognates. Only the pronunciation is different and, at most, a slight spelling change, such as the accent.

List 2. Nouns and adjectives: -or/-or identical

There are many Spanish nouns/adjectives and English nouns/adjectives ending in '-or' that are identical.

List 3. Noun: -or/-or nearly identical

There are also many Spanish and English nouns ending in '-or' that are nearly identical.

List 4. Nouns and adjectives: -al/-al identical

Spanish and English nouns ending in '-al' are very often identical.

List 5. Adjective: -al/-al nearly identical

Spanish and English adjectives ending in '-al' are very often nearly identical.

List 6. Noun: -ista/-ist

Many English nouns ending with '-ist' can be converted into Spanish nouns by changing '-ist' to '-ista'.

List 7. Noun: -ismo/-ism

Many English nouns ending with '-ism' can be converted into Spanish nouns by changing '-ism' to '-ismo'.

List 8. Noun: -ncia/-nce

English words that end in '-nce' often have a Spanish cognate that ends in '-ncia'.

List 9. Noun: -dad/-ty

Words that end in '-dad' are quite common in Spanish. They usually correspond to English words that end in '-ty'. There are also many that correspond to English words that end in '-ness', which will be given in the next list. All of these '-dad' words are feminine in gender.

List 10. Noun: -dad/-ness

There are many Spanish '-dad' words that correspond to English '-ness' words. All of these '-dad' words are feminine in gender.

List 11. Noun: -ción/-tion

There are many Spanish cognates that end in '-ción'. The equivalent English word ends in '-tion'. Note that all of these words have the stress on the final syllable. Also, all of these words are feminine in gender.

List 12. Noun: -sión/-sion

There are many Spanish cognates that end in '-sión'. The equivalent English word ends in '-sion'. Note that all of these words have the stress on the final syllable. Also, all of these words are feminine in gender.

List 13. Noun: -mento/-ment

Many English nouns that end in '-ment' in English have equivalents in Spanish that simply add an '-o'.

List 14. Noun: -ma/-m

Many Spanish words that end in '-ma' are irregular in that they are masculine in gender, even though they end in the usually feminine '-a'.

List 15. Noun: -ta/-t

Many Spanish nouns ending in '-ta' have corresponding English nouns that end in '-t'.

List 16. Noun: -lo/-le

Many Spanish nouns ending in '-lo' have corresponding English nouns that end in '-le'.

List 17. Nouns or Adjectives: -to/-t

Many Spanish nouns or adjectives ending in '-to' have corresponding English words that end in '-t'.

List 18. Noun: -ia/-y, -io/-y

English nouns ending with '-y' often correspond to Spanish nouns ending with '-ía', '-ia', or '-io'.

List 19. Adjective: -ivo/-ive

Many English adjectives ending in '-ive' can be converted into Spanish simply by changing '-ive' to '-ivo'.

List 20. Adjective: -oso/-ous

Similarly, there are many Spanish adjectives ending in '-oso' have their counterparts in English that end in '-ous'.

List 21. Adjective: -ico/-ic

There are also many English adjectives ending with '-ic'. Many of these English adjectives can be converted into Spanish by adding an 'o' at the end of the word.

List 22. Adjective: -ico/-ical

Similarly, there are many English adjectives ending in '-ical' have their Spanish counterparts ending in '-ico'.

List 23. Adjective: -ble/-ble

English adjective ending in '-ble' usually has its corresponding Spanish cognate also ending in '-ble'.

List 24. Adjective: -nte/-nt

Many English adjectives ending in '-nt' can be converted into Spanish by changing the ending to '-nte'.

List 25. Adjective: -ido/-id

English adjectives ending with '-id' frequently have their Spanish cognates end with '-ido'.

List 26. Adjective: -il/-ile

English adjectives ending with '-ile' usually can be converted into Spanish by dropping the final 'e'.

List 27. Adjectives and nouns: -ario/-ary

This category includes many Spanish words ending in '-ario' that have their corresponding English words ending in '-ary'.

List 28. Verb: -ar/-ate

There are many English verbs that can be converted into Spanish, usually by changing the ending of the English verb and adding the Spanish verb suffices 'ar', 'er' or 'ir'.

Almost every English verb ending in '-ate' can be converted into a Spanish infinitive by replacing the final '-ate' with '-ar'.

List 29. Verb: -tar/t, -tir/-t

Many English verbs ending in VOWEL + CONSONANT + T can be converted into Spanish verbs by adding '-ar' or '-ir' to the end of the English verb.

List 30. Verb: VOWEL + CONSONANT + E

Many English infinitive verbs ending VOWEL + CONSONANT + E can be converted into Spanish infinitive verbs by dropping the final 'e' and adding '-ar'.

List 31. Verb: -ificar/-ify

Almost every English infinitive verb ending with '-ify' can be converted into a Spanish verb by replacing the final '-ify' with '-ificar'.

List 32. Adverb: -mente/-ly

In English, '-ly' can be added to many adjectives to form adverbs. Similarly in Spanish, '-mente' can combine with (feminine) adjectives to form Spanish adverbs.

List 33-40. Spanish English cognates that do not show standard patterns

Besides the 32 categories of Spanish English cognates listed above, there are also some common Spanish English cognates that do not show standard conversion patterns. They are included here because they have high appearance frequency in written or spoken Spanish. We collected 779 such cognates. For easy memorization, we break down these cognates into 8 lists: List 33-List 40.

List 1. General: almost identical spelling

Many words in English have nearly identical Spanish cognates. Only the pronunciation is different and, at most, a slight spelling change, such as the accent.

Spanish	English
abdomen	abdomen
álbum	album
alcohol	alcohol
alias	alias
altar	altar
amateur	amateur
ángel	angel
angular	angular
aroma	aroma
ascensión	ascension
ataxia	ataxia
audible	audible
aurora	aurora
aversión	aversion
bádminton	badminton
barón	baron
bikini	bikini
bonsai	bonsai
boutique	boutique
buffer	buffer
cactus	cactus
cadáver	cadaver
café	cafe
cáncer	cancer
canón	canon
cantón	canton
cartón	carton
catalán	Catalan
chic	chic

List 1

Spanish	English
chocolate	*chocolate*
circular	*circular (adj.)*
club	*club*
cohesión	*cohesion*
combustión	*combustion*
conclusión	*conclusion*
confusión	*confusion*
cónsul	*consul (n.)*
control	*control (n.)*
conversión	*conversion*
crisis	*crisis*
cruel	*cruel*
debate	*debate*
debut	*debut*
decisión	*decision*
digestión	*digestion*
dimensión	*dimension*
diván	*divan*
diversión	*diversion*
división	*division*
dogma	*dogma*
dragón	*dragon*
drama	*drama*
enigma	*enigma*
era	*era*
excursión	*excursion*
expansión	*expansion*
explosión	*explosion*
expulsión	*expulsion*
extensión	*extension*
extra	*extra*
fax	*fax (n.)*
fórmula	*formula*

List 1

Spanish	English
gas	*gas*
gendarme	*gendarme*
golf	*golf*
gourmet	*gourmet*
gratis	*gratis*
grave	*grave (adj.)*
gusto	*gusto*
hotel	*hotel*
idea	*idea*
iguana	*iguana*
impulsión	*impulsion*
indecisión	*indecision*
insular	*insular*
invasión	*invasion*
iris	*iris*
irregular	*irregular*
irreversible	*irreversible*
karma	*karma*
kiwi	*kiwi*
latín	*Latin*
laurel	*laurel*
legión	*legion*
manía	*mania*
mansión	*mansion*
mediocre	*mediocre*
melón	*melon*
menú	*menu*
múltiple	*multiple*
nadir	*nadir*
no	*no*
oasis	*oasis*
oh	*oh*
ómnibus	*omnibus*

List 1

Spanish	English
ópera	*opera*
opinión	*opinion*
panorama	*panorama*
patio	*patio*
península	*peninsula*
pensión	*pension*
penumbra	*penumbra*
peseta	*peseta*
piano	*piano*
plan	*plan*
plaza	*plaza*
polar	*polar*
popular	*popular*
precisión	*precision*
pretensión	*pretension*
previsión	*prevision*
propaganda	*propaganda*
provisión	*provision*
radio	*radio*
reflexión	*reflexion*
región	*region*
religión	*religion*
reunión	*reunion*
revisión	*revision*
riel	*rail*
romance	*romance*
salmón	*salmon*
secular	*secular*
semicircular	*semicircular*
sermón	*sermon*
singular	*singular*
solar	*solar*
solo	*solo*

List 1

Spanish	English
suave	*suave*
sublime	*sublime*
suspensión	*suspension*
tendón	*tendon*
tensión	*tension*
tractor	*tractor*
triple	*triple*
unión	*union*
vagina	*vagina*
versión	*version*
violín	*violin*
visión	*vision*
vulgar	*vulgar*
vulnerable	*vulnerable*
zen	*zen*

List 2. Nouns and adjectives: -or/-or identical

There are many Spanish nouns/adjectives and English nouns/adjectives ending in '-or' that are identical.

Spanish	English
actor	*actor*
anterior	*anterior*
ardor	*ardor*
candor	*candor*
color	*color (n.)*
constructor	*constructor*
detector	*detector*
detractor	*detractor*
director	*director*
doctor	*doctor*
elector	*elector*
error	*error*
exterior	*exterior*
factor	*factor*
favor	*favor (n.)*
fervor	*fervor*
honor	*honor*
horror	*horror*
inferior	*inferior*
inspector	*inspector*
interior	*interior*
interlocutor	*interlocutor*
júnior	*junior*
mentor	*mentor*
motor	*motor*
pastor	*pastor*
precursor	*precursor*
protector	*protector*
rigor	*rigor*

List 2

Spanish	English
rotor	*rotor*
sector	*sector*
semiconductor	*semiconductor*
sensor	*sensor*
superconductor	*superconductor*
superior	*superior (adv.)*
supervisor	*supervisor*
terror	*terror*
transistor	*transistor*
tumor	*tumor*
tutor	*tutor*
ulterior	*ulterior*
valor	*valor*
vapor	*vapor*
vigor	*vigor*

List 3. Noun: -or/-or nearly identical

There are also many Spanish and English nouns ending in '-or' that are nearly identical.

Spanish	English
acreedor	*creditor*
adaptador	*adaptor*
adjudicador	*adjudicator*
administrador	*administrator*
agitador	*agitator*
agresor	*aggressor*
arbitrador	*arbitrator*
autor	*author*
bienhechor	*benefactor*
calculador	*calculator*
colaborador	*collaborator*
competidor	*competitor*
conector	*connector*
confesor	*confessor*
conservador	*conservator*
conspirador	*conspirator*
cooperador	*cooperator*
coordinador	*coordinator*
corredor	*corridor*
creador	*creator*
cultivador	*cultivator*
denominador	*denominator*
deshonor	*dishonor (n.)*
dictador	*dictator*
distribuidor	*distributor*
donador	*donor*
ejecutor	*executor*
embajador	*ambassador*
emperador	*emperor*

List 3

Spanish	English
escultor	*sculptor*
especulador	*speculator*
esplendor	*splendor*
esponsor	*sponsor*
estupor	*stupor*
expositor	*exhibitor*
gladiador	*gladiator*
gobernador	*governor*
inversor	*investor*
investigador	*investigator*
legislador	*legislator*
licor	*liquor*
mediador	*mediator*
narrador	*narrator*
negociador	*negotiator*
orador	*orator*
predecesor	*predecessor*
profesor	*professor*
proveedor	*purveyor*
radiador	*radiator*
regulador	*regulator*
senador	*senator*
simulador	*simulator*
sucesor	*successor*
traductor	*translator*
vendedor	*vendor*
visitante	*visitor*

List 4. Nouns and adjectives: -al/-al identical

Spanish and English nouns ending in '-al' are very often identical.

Spanish	English
abdominal	*abdominal*
ancestral	*ancestral*
animal	*animal*
artificial	*artificial*
bifocal	*bifocal*
bilateral	*bilateral*
brutal	*brutal*
canal	*canal*
capital	*capital*
cardinal	*cardinal*
casual	*casual*
causal	*causal*
central	*central*
cereal	*cereal*
ceremonial	*ceremonial*
cervical	*cervical*
clerical	*clerical*
colonial	*colonial*
conceptual	*conceptual*
continental	*continental*
coral	*coral*
cordial	*cordial*
costal	*costal*
criminal	*criminal*
crucial	*crucial*
cultural	*cultural*
decimal	*decimal*
diagonal	*diagonal*
dial	*dial*
digital	*digital*

List 4

Spanish	English
dimensional	*dimensional*
doctrinal	*doctrinal*
dual	*dual*
electoral	*electoral*
experimental	*experimental*
factual	*factual*
festival	*festival*
filial	*filial*
final	*final*
fundamental	*fundamental*
funeral	*funeral*
general	*general (adj.)*
glacial	*glacial*
gradual	*gradual*
habitual	*habitual*
horizontal	*horizontal*
hospital	*hospital*
ideal	*ideal*
imperial	*imperial*
incidental	*incidental*
incremental	*incremental*
individual	*individual (adj.)*
industrial	*industrial*
infernal	*infernal*
instrumental	*instrumental*
integral	*integral*
jovial	*jovial*
judicial	*judicial*
legal	*legal*
liberal	*liberal*
lineal	*lineal*
literal	*literal*
local	*local*

List 4

Spanish	English
manual	*manual*
marginal	*marginal*
marital	*marital*
matrimonial	*matrimonial*
medieval	*medieval*
mental	*mental*
metal	*metal*
mineral	*mineral*
monumental	*monumental*
moral	*moral*
mortal	*mortal*
municipal	*municipal*
musical	*musical*
natal	*natal*
natural	*natural*
naval	*naval*
neural	*neural*
normal	*normal*
oral	*oral*
oriental	*oriental*
original	*original*
pedestal	*pedestal*
personal	*personal*
portal	*portal*
postal	*postal*
primordial	*primordial*
provincial	*provincial*
radical	*radical*
real	*real*
regional	*regional*
ritual	*ritual*
rival	*rival*
rural	*rural*

List 4

Spanish	English
sensual	*sensual*
sentimental	*sentimental*
sexual	*sexual*
social	*social*
superficial	*superficial*
total	*total*
transcendental	*transcendental*
tribunal	*tribunal*
tropical	*tropical*
universal	*universal*
usual	*usual*
verbal	*verbal*
vertical	*vertical*
vital	*vital*

List 5. Adjective: -al/-al nearly identical

Spanish and English adjectives ending in '-al' are very often nearly identical.

Spanish	English
abismal	abysmal
adicional	additional
anormal	abnormal (adj.)
anual	annual
bidireccional	bidirectional
cardenal	cardinal
carnaval	carnival
catedral	cathedral
coloquial	colloquial
colosal	colossal
comercial	commercial
condicional	conditional
confidencial	confidential
constitucional	constitutional
conversacional	conversational
cristal	crystal
diferencial	differential
educacional	educational
elemental	elemental
emocional	emotional
esencial	essential
especial	special
espectral	spectral
espiral	spiral
espiritual	spiritual
estructural	structural
excepcional	exceptional
exponencial	exponential
funcional	functional

List 5

Spanish	English
helicoidal	*helical*
ilegal	*illegal*
imparcial	*impartial*
inicial	*initial*
inmortal	*immortal*
institucional	*institutional*
intelectual	*intellectual*
intencional	*intentional*
internacional	*international*
inusual	*unusual*
irreal	*unreal*
letal	*lethal*
nacional	*national*
parcial	*partial*
potencial	*potential*
presidencial	*presidential*
profesional	*professional*
promocional	*promotional*
proporcional	*proportional*
prudencial	*prudential*
racional	*rational*
secuencial	*sequential*
sensacional	*sensational*
sobrenatural	*supernatural*
substancial	*substantial*
tangencial	*tangential*
teatral	*theatrical*
termal	*thermal*
terrenal	*terrestrial*
tradicional	*traditional*
vocacional	*vocational*

List 6. Noun: -ista/-ist

Many English nouns ending with '-ist' can be converted into Spanish nouns by changing '-ist' to '-ista'.

Spanish	English
abolicionista	*abolitionist*
activista	*activist*
alquimista	*alchemist*
anarquista	*anarchist*
anestesista	*anesthetist*
antagonista	*antagonist*
antifascista	*antifascist*
artista	*artist*
ateísta	*atheist*
baptista	*Baptist*
botanista	*botanist*
budista	*Buddhist*
capitalista	*capitalist*
ciclista	*cyclist*
columnista	*columnist*
comunista	*communist*
dentista	*dentist*
ecologista	*ecologist*
economista	*economist*
egoísta	*egoist*
evolucionista	*evolutionist*
extremista	*extremist*
fascista	*fascist*
geneticista	*geneticist*
genetista	*geneticist*
historicista	*historicist*
historietista	*historicist*
humanista	*humanist*
lingüista	*linguist*

List 6

Spanish	English
lista	*list*
meteorologista	*meteorologist*
minimalista	*minimalist*
moralista	*moralist*
motociclista	*motorcyclist*
motorista	*motorist*
nacionalista	*nationalist*
novelista	*novelist*
nudista	*nudist*
optimista	*optimist*
pacifista	*pacifist*
perfeccionista	*perfectionist*
racista	*racist*
realista	*realist*
recepcionista	*receptionist*
socialista	*socialist*
taoísta	*taoist*
terrorista	*terrorist*
turista	*tourist*

List 7. Noun: -ismo/-ism

Many English nouns ending with '-ism' can be converted into Spanish nouns by changing '-ism' to '-ismo'.

Spanish	English
alcoholismo	*alcoholism*
altruismo	*altruism*
altruísmo	*altruism*
ateísmo	*atheism*
budismo	*buddhism*
capitalismo	*capitalism*
catolicismo	*catholicism*
chauvinismo	*chauvinism*
comunismo	*communism*
darvinismo	*darwinism*
despotismo	*despotism*
egotismo	*egotism*
escepticismo	*skepticism*
estoicismo	*stoicism*
eufemismo	*euphemism*
fanatismo	*fanaticism*
federalismo	*federalism*
feminismo	*feminism*
heroísmo	*heroism*
humanismo	*humanism*
idealismo	*idealism*
mecanismo	*mechanism*
metabolismo	*metabolism*
nacionalismo	*nationalism*
narcisismo	*narcissism*
naturalismo	*naturalism*
naturismo	*naturism*
nepotismo	*nepotism*
nudismo	*nudism*

List 7

Spanish	English
optimismo	*optimism*
organismo	*organism*
patriotismo	*patriotism*
periodismo	*journalism*
profesionalismo	*professionalism*
realismo	*realism*
reumatismo	*rheumatism*
sexismo	*sexism*
taoísmo	*taoism*
teísmo	*theism*
turismo	*tourism*
vandalismo	*vandalism*
vegetarianismo	*vegetarianism*

List 8. Noun: -ncia/-nce

English words that end in '-nce' often have a Spanish cognate that ends in '-ncia'.

Spanish	English
abstinencia	abstinence
abundancia	abundance
admitancia	admittance
adolescencia	adolescence
ambulancia	ambulance
arrogancia	arrogance
audiencia	audience
ausencia	absence
benevolencia	benevolence
ciencia	science
circunstancia	circumstance
coexistencia	coexistence
coincidencia	coincidence
conciencia	conscience
concurrencia	concurrence
consecuencia	consequence
consistencia	consistence
corpulencia	corpulence
correspondencia	correspondence
decadencia	decadence
dependencia	dependence
diferencia	difference
diligencia	diligence
distancia	distance
divergencia	divergence
elegancia	elegance
elocuencia	eloquence
emergencia	emergence
equivalencia	equivalence
esencia	essence

List 8

Spanish	English
evidencia	*evidence*
excelencia	*excellence*
existencia	*existence*
experiencia	*experience*
fragancia	*fragrance*
fraudulencia	*fraudulence*
ignorancia	*ignorance*
impaciencia	*impatience*
impertinencia	*impertinence*
importancia	*importance*
impotencia	*impotence*
imprudencia	*imprudence*
independencia	*independence*
indiferencia	*indifference*
indolencia	*indolence*
indulgencia	*indulgence*
inferencia	*inference*
influencia	*influence (n.)*
inocencia	*innocence*
insistencia	*insistence*
insolencia	*insolence*
inteligencia	*intelligence*
interferencia	*interference*
jurisprudencia	*jurisprudence*
licencia	*licence*
negligencia	*negligence*
obediencia	*obedience*
omnipotencia	*omnipotence*
omnipresencia	*omnipresence*
opulencia	*opulence*
paciencia	*patience*
predominancia	*predominance*
preferencia	*preference*

List 8

Spanish	English
presencia	*presence*
providencia	*providence*
provincia	*province*
prudencia	*prudence*
referencia	*reference*
repugnancia	*repugnance*
residencia	*residence*
resistencia	*resistance*
reverencia	*reverence*
sapiencia	*sapience*
secuencia	*sequence*
substancia	*substance*
tolerancia	*tolerance*
trascendencia	*transcendence*
vehemencia	*vehemence*
vigilancia	*vigilance*
violencia	*violence*
virulencia	*virulence*

List 9. Noun: -dad/-ty

Words that end in '-dad' are quite common in Spanish. They usually correspond to English words that end in '-ty'. There are also many that correspond to English words that end in '-ness', which will be given in the next list. All of these '-dad' words are feminine in gender.

Spanish	English
actividad	activity
adversidad	adversity
amabilidad	amiability
ambigüedad	ambiguity
antigüedad	antiquity
atrocidad	atrocity
austeridad	austerity
autoridad	authority
barbaridad	barbarity
brevedad	brevity
brutalidad	brutality
calamidad	calamity
calculabilidad	calculability
cantidad	quantity
capacidad	capacity
caridad	charity
castidad	chastity
cavidad	cavity
celeridad	celerity
ciudad	city
claridad	clarity
colectividad	collectivity
compatibilidad	compatibility
complejidad	complexity
complicidad	complicity
comunidad	community
continuidad	continuity

List 9

Spanish	English
credibilidad	*credibility*
crueldad	*cruelty*
cualidad	*quality*
curiosidad	*curiosity*
debilidad	*debility*
deidad	*deity*
densidad	*density*
deshonestidad	*dishonesty*
dignidad	*dignity*
disparidad	*disparity*
durabilidad	*durability*
elasticidad	*elasticity*
electricidad	*electricity*
elegibilidad	*eligibility*
equidad	*equity*
especialidad	*specialty*
estabilidad	*stability*
esterilidad	*sterility*
eternidad	*eternity*
excentricidad	*eccentricity*
extremidad	*extremity*
facilidad	*facility*
falsedad	*falsity*
familiaridad	*familiarity*
fatalidad	*fatality*
felicidad	*felicity*
ferocidad	*ferocity*
fidelidad	*fidelity*
finalidad	*finality*
flexibilidad	*flexibility*
formalidad	*formality*
frivolidad	*frivolity*
generalidad	*generality*

List 9

Spanish	English
generosidad	*generosity*
honestidad	*honesty*
hospitalidad	*hospitality*
hostilidad	*hostility*
humanidad	*humanity*
humedad	*humidity*
humildad	*humility*
identidad	*identity*
igualdad	*equality*
imposibilidad	*impossibility*
incapacidad	*incapacity*
infinidad	*infinity*
inmensidad	*immensity*
inmovilidad	*immobility*
inseguridad	*insecurity*
integridad	*integrity*
intensidad	*intensity*
localidad	*locality*
mediocridad	*mediocrity*
mentalidad	*mentality*
moralidad	*morality*
municipalidad	*municipality*
nacionalidad	*nationality*
necesidad	*necessity*
normalidad	*normality*
novedad	*novelty*
obscuridad	*obscurity*
opacidad	*opacity*
oportunidad	*opportunity*
originalidad	*originality*
oscuridad	*obscurity*
penalidad	*penalty*
perpetuidad	*perpetuity*

List 9

Spanish	English
personalidad	*personality*
perversidad	*perversity*
piedad	*piety*
pluralidad	*plurality*
polaridad	*polarity*
popularidad	*popularity*
porosidad	*porosity*
posibilidad	*possibility*
posteridad	*posterity*
prioridad	*priority*
probabilidad	*probability*
propiedad	*property*
prosperidad	*prosperity*
proximidad	*proximity*
publicidad	*publicity*
realidad	*reality*
regularidad	*regularity*
responsabilidad	*responsibility*
santidad	*sanctity*
seguridad	*security*
sensibilidad	*sensibility*
serenidad	*serenity*
severidad	*severity*
similaridad	*similarity*
simplicidad	*simplicity*
sinceridad	*sincerity*
sobriedad	*sobriety*
sociedad	*society*
solemnidad	*solemnity*
solidaridad	*solidarity*
superioridad	*superiority*
totalidad	*totality*
ubicuidad	*ubiquity*

List 9

Spanish	English
unidad	*unity*
universidad	*university (n.)*
utilidad	*utility*
vanidad	*vanity*
variabilidad	*variability*
variedad	*variety*
velocidad	*velocity*
viabilidad	*viability*
virilidad	*virility*
visibilidad	*visibility*
vitalidad	*vitality*
vivacidad	*vivacity*

List 10. Noun: -dad/-ness

There are many Spanish '-dad' words that correspond to English '-ness' words. All of these '-dad' words are feminine in gender.

Spanish	English
abrasividad	*abrasiveness*
abusividad	*abusiveness*
adhesividad	*adhesiveness*
agresividad	*aggressiveness*
calmosidad	*calmness*
compacidad	*compactness*
efectividad	*effectiveness*
efusividad	*effusiveness*
espaciosidad	*spaciousness*
espontaneidad	*spontaneousness*
exclusividad	*exclusiveness*
gravedad	*graveness*
laboriosidad	*laboriousness*
meticulosidad	*meticulousness*
modernidad	*modernness*
naturalidad	*naturalness*
nerviosidad	*nervousness*
obviedad	*obviousness*
oficiosidad	*officiousness*
pomposidad	*pompousness*
productividad	*productiveness*
religiosidad	*religiousness*
rigurosidad	*rigorousness*
seriedad	*seriousness*
unicidad	*uniqueness*
vastedad	*vastness*
voracidad	*voraciousness*

List 11. Noun: -ción/-tion

There are many Spanish cognates that end in '-ción'. The equivalent English word ends in '-tion'. Note that all of these words have the stress on the final syllable. Also, all of these words are feminine in gender.

Spanish	English
abdicación	abdication
aberración	aberration
abolición	abolition (n.)
abstracción	abstraction
acción	action
acumulación	accumulation
acusación	accusation
adaptación	adaptation
adición	addition
administración	administration
admiración	admiration
adopción	adoption
adoración	adoration
adquisición	acquisition
adulación	adulation
afección	affection
afirmación	affirmation
aflicción	affliction
agitación	agitation
alimentación	alimentation
alteración	alteration
ambición	ambition
animación	animation
aparición	apparition
aplicación	application
aprobación	approbation
articulación	articulation
asociación	association

List 11

Spanish	English
aspiración	*aspiration*
atención	*attention*
atracción	*attraction*
autorización	*authorization*
bendición	*benediction*
celebracion	*celebration*
circulación	*circulation*
citación	*citation*
civilización	*civilization*
clasificación	*classification*
colaboración	*collaboration*
colección	*collection*
combinación	*combination*
compensación	*compensation*
complicación	*complication*
composición	*composition*
comunicación	*communication*
concentración	*concentration*
concepción	*conception*
conciliación	*conciliation*
condenación	*condemnation*
condición	*condition*
confederación	*confederation*
confirmación	*confirmation*
consagración	*consecration*
conservación	*conservation*
consideración	*consideration*
consolación	*consolation*
constitución	*constitution*
construcción	*construction*
consumación	*consummation*
contemplación	*contemplation*
continuación	*continuation*

List 11

Spanish	English
contracción	contraction
contradicción	contradiction
contribución	contribution
convención	convention
conversación	conversation
convicción	conviction
cooperación	cooperation
corporación	corporation
corrección	correction
corrupción	corruption
creación	creation
declaración	declaration
decoración	decoration
dedicación	dedication
deducción	deduction
definición	definition
delegación	delegation
demostración	demonstration
denominación	denomination
descripción	description
desesperación	desperation
destilación	distillation
destinación	destination
destrucción	destruction
devoción	devotion
discreción	discretion
disolución	dissolution
disposición	disposition
distinción	distinction
distracción	distraction
distribución	distribution
documentación	documentation
dominación	domination

List 11

Spanish	English
duración	*duration*
ebullición	*ebullition*
edición	*edition*
elaboración	*elaboration*
elección	*election*
elevación	*elevation*
emigración	*emigration*
emoción	*emotion*
entonación	*intonation*
erudición	*erudition*
especulación	*speculation*
estación	*station*
estupefacción	*stupefaction*
evolución	*evolution*
exageración	*exaggeration*
exaltación	*exaltation*
excepción	*exception*
excitación	*excitation*
exclamación	*exclamation*
exención	*exemption*
exhibición	*exhibition*
expedición	*expedition*
expiación	*expiation*
explicación	*explication*
exploración	*exploration*
explotación	*exploitation*
exportación	*exportation*
exposición	*exposition*
extracción	*extraction*
fabricación	*fabrication*
facción	*faction*
federación	*federation*
felicitación	*felicitation*

List 11

Spanish	English
ficción	fiction
fracción	fraction
frustración	frustration
función	function (n.)
fundación	foundation
generación	generation
habitación	habitation
humillación	humiliation
identificación	identification
ilustración	illustration
imaginación	imagination
imitación	imitation
importación	importation
imposición	imposition
inclinación	inclination
incorporación	incorporation
indicación	indication
indignación	indignation
indiscreción	indiscretion
infección	infection
información	information
innovación	innovation
inscripción	inscription
inspección	inspection
inspiración	inspiration
instalación	installation
institución	institution
instrucción	instruction
integración	integration
intención	intention
interpelación	interpellation
interpretación	interpretation
interrupción	interruption

List 11

Spanish	English
introducción	*introduction*
intuición	*intuition*
invención	*invention*
invitación	*invitation*
inyección	*injection*
irritación	*irritation*
irrupción	*irruption*
jurisdicción	*jurisdiction*
justificación	*justification*
legislación	*legislation*
liberación	*liberation*
limitación	*limitation*
maldición	*malediction*
manifestación	*manifestation*
meditación	*mediation*
mención	*mention*
mistificación	*mystification*
moderación	*moderation*
modificación	*modification*
nación	*nation*
narración	*narration*
navegación	*navigation*
negociación	*negotiation*
noción	*notion*
nominación	*nomination*
nutrición	*nutrition*
objeción	*objection*
obligación	*obligation*
observacion	*observation*
ocupación	*occupation*
opción	*option*
operación	*operation*
oposición	*opposition*

List 11

Spanish	English
oración	*oration*
organización	*organization*
orientación	*orientation*
ostentación	*ostentation*
participación	*participation*
penetración	*penetration*
perfección	*perfection*
persecución	*persecution*
petición	*petition*
población	*population*
poblacion	*population*
porción	*portion*
posición	*position*
precaución	*precaution*
precipitación	*precipitation*
preocupación	*preoccupation*
preparación	*preparation*
preposición	*preposition*
presentación	*presentation*
prevención	*prevention*
privación	*privation*
proclamación	*proclamation*
producción	*production*
prohibición	*prohibition*
proporción	*proportion*
proposición	*proposition*
protección	*protection*
protestación	*protestation*
proyección	*projection*
publicación	*publication*
reacción	*reaction*
realización	*realization*
recepción	*reception*

List 11

Spanish	English
recomendación	*recommendation*
recreación	*recreation*
reducción	*reduction*
reelección	*re-election*
reivindicación	*reivindication*
renovación	*renovation*
reparación	*reparation*
representación	*representation*
reproducción	*reproduction*
reputación	*reputation*
resignación	*resignation*
resolución	*resolution*
respiración	*respiration*
restricción	*restriction*
revelación	*revelation*
revolución	*revolution*
salvación	*salvation*
sanción	*sanction*
satisfacción	*satisfaction*
sección	*section*
seducción	*seduction*
selección	*selection*
sensación	*sensation*
separación	*separation*
significación	*signification*
situación	*situation*
solución	*solution*
subvención	*subvention*
superstición	*superstition*
suposición	*supposition*
sustitución	*substitution*
tentación	*temptation*
tradición	*tradition*

List 11

Spanish	English
traducción	*translation*
transformación	*transformation*
transición	*transition*
utilización	*utilization*
vacilación	*vacillation*
variación	*variation*
veneración	*veneration*
violación	*violation*
vocación	*vocation*

List 12. Noun: -sión/-sion

There are many Spanish cognates that end in '-sión'. The equivalent English word ends in '-sion'. Note that all of these words have the stress on the final syllable. Also, all of these words are feminine in gender.

Spanish	English
accesión	accession
admisión	admission
agresión	aggression
alusión	allusion
aprehensión	apprehension
circuncisión	circumcision
comisión	commission
compasión	compassion
comprensión	comprehension
compresión	compression
concesión	concession
confesión	confession
corrosión	corrosion
difusión	diffusion
disuasión	dissuasion
efusión	effusion
evasión	evasion
expresión	expression
fisión	fission
ilusión	illusion
implosión	implosion
impresión	impression
incisión	incision
inmersión	immersion
inversión	inversion
lesión	lesion
misión	mission
obsesión	obsession

List 12

Spanish	English
omisión	*omission*
opresión	*oppression*
pasión	*passion*
posesión	*possession*
procesión	*procession*
profesión	*profession*
recesión	*recession*
regresión	*regression*
represión	*repression*
sesión	*session*
sucesión	*succession*
supresión	*suppression*
transfusión	*transfusion*

List 13. Noun: -mento/-ment

Many English nouns that end in '-ment' in English have equivalents in Spanish that simply add an '-o'.

Spanish	English
aditamento	*attachment*
alimento	*aliment*
campamento	*encampment*
cemento	*cement*
complemento	*complement*
condimento	*condiment*
detrimento	*detriment*
documento	*document*
elemento	*element*
excremento	*excrement*
experimento	*experiment*
fermento	*ferment*
filamento	*filament*
firmamento	*firmament*
fragmento	*fragment*
fundamento	*fundament*
instrumento	*instrument*
ligamento	*ligament*
medicamento	*medicament*
momento	*moment*
monumento	*monument*
ornamento	*ornament*
pavimento	*pavement*
pigmento	*pigment*
rudimento	*rudiment*
segmento	*segment*
subelemento	*sub-element*
temperamento	*temperament*
testamento	*testament*

List 13

Spanish	English
tormento	*torment (n.)*

List 14. Noun: -ma/-m

Many Spanish words that end in '-ma' are irregular in that they are masculine in gender, even though they end in the usually feminine '-a'.

Spanish	English
alarma	alarm
amalgama	amalgam
axioma	axiom
calma	calm
cardiograma	cardiogram
citoplasma	cytoplasm
crema	cream
criptograma	cryptogram
diafragma	diaphragm
diagrama	diagram
ecosistema	ecosystem
electrocardiograma	electrocardiogram
emblema	emblem
epigrama	epigram
esperma	sperm
forma	form (n.)
histograma	histogram
monograma	monogram
neoplasma	neoplasm
norma	norm
palma	palm
paradigma	paradigm
poema	poem
prisma	prism
problema	problem
programa	program
reforma	reform (n.)
sintoma	symptom
sistema	system

List 14

Spanish	English
sofisma	*sophism*
suma	*sum*
telegrama	*telegram*
víctima	*victim*

List 15. Noun: -ta/-t

Many Spanish nouns ending in '-ta' have corresponding English nouns that end in '-t'.

Spanish	English
alerta	*alert*
bayoneta	*bayonet*
compatriota	*compatriot*
conducta	*conduct (n.)*
conquista	*conquest*
cresta	*crest*
déspota	*despot*
entusiasta	*enthusiast*
fruta	*fruit*
idiota	*idiot*
patriota	*patriot*
planeta	*planet*
poeta	*poet*
profeta	*prophet*
rata	*rat*
revuelta	*revolt (n.)*
secta	*sect*
tarta	*tart*
violeta	*violet*
visita	*visit (n.)*

List 16. Noun: -lo/-le

Many Spanish nouns ending in '-lo' have corresponding English nouns that end in '-le'.

Spanish	English
ángulo	*angle*
artículo	*article*
ciclo	*cycle*
círculo	*circle*
cocodrilo	*crocodile*
corpúsculo	*corpuscle*
crepúsculo	*crepuscule*
cubículo	*cubicle*
discípulo	*disciple*
escrúpulo	*scruple*
estilo	*style*
folículo	*follicle*
glóbulo	*globule*
gránulo	*granule*
lóbulo	*lobule*
monóculo	*monocle*
múltiplo	*multiple*
músculo	*muscle*
nódulo	*nodule*
obstáculo	*obstacle*
oráculo	*oracle*
pináculo	*pinnacle*
polo	*pole*
preámbulo	*preamble*
receptáculo	*receptacle*
rectángulo	*rectangle*
templo	*temple*
testículo	*testicle*
título	*title*

List 16

Spanish	English
triángulo	*triangle*
triciclo	*tricycle*
vehículo	*vehicle*
ventrículo	*ventricle*

List 17. Nouns or Adjectives: -to/-t

Many Spanish nouns or adjectives ending in '-to' have corresponding English words that end in '-t'.

Spanish	English
abrupto	*abrupt (adj.)*
acento	*accent*
acto	*act (n.)*
adulto	*adult (adj.)(n.)*
agosto	*August*
arquitecto	*architect*
aspecto	*aspect*
busto	*bust*
circuito	*circuit*
concepto	*concept*
concierto	*concert*
conflicto	*conflict*
consentimiento	*consent (n.)*
contacto	*contact*
contrato	*contract*
convicto	*convict*
correcto	*correct (adj.)*
crédito	*credit*
defecto	*defect*
descontento	*discontent*
desierto	*desert (n.)*
devoto	*devout*
dialecto	*dialect*
difunto	*defunct*
directo	*direct*
discreto	*discreet*
distinto	*distinct*
distrito	*district*
edicto	*edict*

List 17

Spanish	English
efecto	*effect*
establecimiento	*establishment*
exacto	*exact*
excepto	*except*
experto	*expert*
extracto	*extract*
hábito	*habit*
imperfecto	*imperfect*
indirecto	*indirect*
indiscreto	*indiscreet*
injusto	*unjust*
insecto	*insect*
instinto	*instinct*
intacto	*intact*
intento	*intent*
justo	*just*
manifiesto	*manifest (n.)*
manuscrito	*manuscript*
mérito	*merit*
modesto	*modest*
movimiento	*movement*
objeto	*object*
pacto	*pact*
piloto	*pilot*
precepto	*precept*
prefecto	*prefect*
presentimiento	*presentiment*
pretexto	*pretext*
producto	*product*
puerto	*port*
púlpito	*pulpit*
quieto	*quiet*
refinamiento	*refinement*

List 17

Spanish	English
regimiento	*regiment*
resentimiento	*resentment*
robusto	*robust*
secreto	*secret (n.)*
sentimiento	*sentiment*
tacto	*tact*
talento	*talent*
texto	*text*
tumulto	*tumult*
turbulento	*turbulent*
ungüento	*unguent (n.)*
vasto	*vast*
violento	*violent*

List 18. Noun: -ia/-y, -io/-y

English nouns ending with '-y' often correspond to Spanish nouns ending with '-ía', '-ia', or '-io'.

Spanish	English
academia	*academy*
accesorio	*accessory*
acrimonia	*acrimony*
adulterio	*adultery*
agencia	*agency*
amnistía	*amnesty*
analogía	*analogy*
anarquía	*anarchy*
anatomía	*anatomy*
apatía	*apathy*
aristocracia	*aristocracy*
armonía	*harmony*
arteria	*artery*
artillería	*artillery*
asimetría	*asymmetry*
astrología	*astrology*
astronomía	*astronomy*
audacia	*audacity*
auditorio	*auditory*
autocracia	*autocracy*
autografía	*autography*
autonomía	*autonomy*
bacteriología	*bacteriology*
batería	*battery*
bibliografía	*bibliography*
biografía	*biography*
biología	*biology*
biopsia	*biopsy*
biotecnología	*biotechnology*

List 18

Spanish	English
blasfemia	*blasphemy*
calumnia	*calumny*
categoría	*category*
centuria	*century*
ceremonia	*ceremony*
clemencia	*clemency*
colonia	*colony*
compañía	*company*
constancia	*constancy*
contingencia	*contingency*
contradictorio	*contradictory*
cortesía	*courtesy*
decencia	*decency*
democracia	*democracy*
destilería	*distillery*
diario	*diary*
dinastía	*dynasty*
ecología	*ecology*
economía	*economy*
eficacia	*efficacy*
eficiencia	*efficiency*
elogio	*eulogy*
energía	*energy*
envidia	*envy*
estrategia	*strategy*
exigencia	*exigency*
familia	*family*
fantasía	*fantasy*
farmacia	*pharmacy*
farmacología	*pharmacology*
felonía	*felony*
filosofía	*philosophy*
frecuencia	*frequency*

List 18

Spanish	English
furia	*fury*
galaxia	*galaxy*
galería	*gallery*
geografía	*geography*
geología	*geology*
gloria	*glory*
harmonía	*harmony*
herejía	*heresy*
hipocresía	*hypocrisy*
historia	*history*
homología	*homology*
ideología	*ideology*
industria	*industry*
ineficacia	*inefficacy*
infamia	*infamy*
infancia	*infancy*
infantería	*infantry*
injuria	*injury*
insuficiencia	*insufficiency*
ironía	*irony*
laboratorio	*laboratory*
latencia	*latency*
maquinaria	*machinery*
matrimonio	*matrimony*
mayoría	*majority*
melancolía	*melancholy*
melodía	*melody*
memoria	*memory*
mercurio	*mercury*
metodología	*methodology*
ministerio	*ministry*
minoría	*minority*
miseria	*misery*

List 18

Spanish	English
modestia	modesty
monasterio	monastery
monopolio	monopoly
monotonía	monotony
obligatorio	obligatory
orgía	orgy
ortografía	orthography
permanencia	permanency
poesía	poetry
potencia	potency
presidencia	presidency
psicología	psychology
publicitario	publicity
refectorio	refectory
refractario	refractory
remedio	remedy
satisfactorio	satisfactory
secretaria	secretary
simpatía	sympathy
soberanía	sovereignty
solvencia	solvency
tecnología	technology
tendencia	tendency
teología	theology
teoría	theory
territorio	territory
testimonio	testimony
tiranía	tyranny
tragedia	tragedy
transparencia	transparency
universitario	university (adj.)
urgencia	urgency
victoria	victory

List 19. Adjective: -ivo/-ive

Many English adjectives ending in '-ive' can be converted into Spanish simply by changing '-ive' to '-ivo'.

Spanish	English
abortivo	*abortive*
abrasivo	*abrasive*
activo	*active*
acumulativo	*accumulative*
acusativo	*accusative*
adhesivo	*adhesive*
administrativo	*administrative*
afirmativo	*affirmative*
agresivo	*aggressive*
asertivo	*assertive*
atractivo	*attractive*
cognitivo	*cognitive*
cohesivo	*cohesive*
congestivo	*congestive*
consecutivo	*consecutive*
constructivo	*constructive*
creativo	*creative*
cuantitativo	*quantitative*
cumulativo	*cumulative*
decisivo	*decisive*
defensivo	*defensive*
derivativo	*derivative*
descriptivo	*descriptive*
destructivo	*destructive*
digresivo	*digressive*
diminutivo	*diminutive*
disuasivo	*dissuasive*
educativo	*educative*
ejecutivo	*executive*

List 19

Spanish	English
erosivo	*erosive*
especulativo	*speculative*
evasivo	*evasive*
excesivo	*excessive*
exclusivo	*exclusive*
exhaustivo	*exhaustive*
expansivo	*expansive*
explosivo	*explosive*
expresivo	*expressive*
festivo	*festive*
figurativo	*figurative*
fugitivo	*fugitive*
furtivo	*furtive*
imaginativo	*imaginative*
imperativo	*imperative*
incentivo	*incentive*
inclusivo	*inclusive*
indicativo	*indicative*
inofensivo	*inoffensive*
instintivo	*instinctive*
intensivo	*intensive*
interactivo	*interactive*
intuitivo	*intuitive*
lucrativo	*lucrative*
masivo	*massive*
negativo	*negative*
objetivo	*objective*
ofensivo	*offensive*
pasivo	*passive*
pensativo	*pensive*
permisivo	*permissive*
positivo	*positive*
primitivo	*primitive*

List 19

Spanish	English
progresivo	*progressive*
punitivo	*punitive*
recesivo	*recessive*
reflexivo	*reflexive*
regresivo	*regressive*
representativo	*representative*
respectivo	*respective*
restrictivo	*restrictive*
seductivo	*seductive*
subjetivo	*subjective*
sucesivo	*successive*
tentativo	*tentative*

List 20. Adjective: -oso/-ous

Similarly, there are many Spanish adjectives ending in '-oso' have their counterparts in English that end in '-ous'.

Spanish	English
ambicioso	*ambitious*
armonioso	*harmonious*
bilioso	*bilious*
calamitoso	*calamitous*
caprichoso	*capricious*
celoso	*jealous*
contagioso	*contagious*
contencioso	*contentious*
copioso	*copious*
delicioso	*delicious*
envidioso	*envious*
escandaloso	*scandalous*
especioso	*specious*
fabuloso	*fabulous*
famoso	*famous*
fosforoso	*phosphorous*
furioso	*furious*
generoso	*generous*
glorioso	*glorious*
impetuoso	*impetuous*
ingenioso	*ingenious*
laborioso	*laborious*
luminoso	*luminous*
malicioso	*malicious*
maravilloso	*marvelous*
melodioso	*melodious*
meticuloso	*meticulous*
misterioso	*mysterious*
monstruoso	*monstrous*

List 20

Spanish	English
mucoso	*mucous*
nervioso	*nervous*
numeroso	*numerous*
odioso	*odious*
oneroso	*onerous*
pernicioso	*pernicious*
piloso	*pilous*
pomposo	*pompous*
populoso	*populous*
poroso	*porous*
portentoso	*portentous*
precioso	*precious*
prodigioso	*prodigious*
religioso	*religious*
riguroso	*rigorous*
ruinoso	*ruinous*
sinuoso	*sinuous*
tenebroso	*tenebrous*
ulceroso	*ulcerous*
valeroso	*valorous*
venenoso	*venomous*
vicioso	*vicious*
victorioso	*victorious*
vigoroso	*vigorous*
virtuoso	*virtuous*
voluptuoso	*voluptuous*

List 21. Adjective: -ico/-ic

There are also many English adjectives ending with '-ic'. Many of these English adjectives can be converted into Spanish by adding an 'o' at the end of the word.

Spanish	English
aeróbico	*aerobic*
agnóstico	*agnostic*
alcohólico	*alcoholic*
alérgico	*allergic*
alfanumérico	*alphanumeric*
analítico	*analytic*
antibiótico	*antibiotic*
antiséptico	*antiseptic*
antitóxico	*antitoxic*
apático	*apathetic*
apocalíptico	*apocalyptic*
apoplético	*apoplectic*
apostólico	*apostolic*
aristocrático	*aristocratic*
ártico	*arctic*
artístico	*artistic*
ático	*attic*
atlético	*athletic*
auténtico	*authentic*
automático	*automatic*
básico	*basic*
botánico	*botanic*
británico	*britannic*
bucólico	*bucolic*
cálcico	*calcic*
caótico	*chaotic*
característico	*characteristic*
carismático	*charismatic*
católico	*catholic*

List 21

Spanish	English
cerámico	*ceramic*
cíclico	*cyclic*
científico	*scientific*
cinético	*kinetic*
cístico	*cystic*
clásico	*classic*
cosmético	*cosmetic*
crítico	*critic*
crónico	*chronic*
cuadrático	*quadratic*
cúbico	*cubic*
democrático	*democratic*
demográfico	*demographic*
diabético	*diabetic*
diagnóstico	*diagnostic*
dinámico	*dynamic*
diplomático	*diplomatic*
doméstico	*domestic*
dramático	*dramatic*
eclíptico	*ecliptic*
económico	*economic*
egocéntrico	*egocentric*
elástico	*elastic*
eléctrico	*electric*
electronico	*electronic*
enérgico	*energetic*
enzimático	*enzymatic*
epidérmico	*epidermic*
erótico	*erotic*
escénico	*scenic*
escéptico	*sceptic*
escolástico	*scholastic*
esotérico	*esoteric*

List 21

Spanish	English
estático	*static*
estético	*aesthetic*
étnico	*ethnic*
excéntrico	*eccentric*
exótico	*exotic*
fantástico	*fantastic*
filantrópico	*philanthropic*
fónico	*phonic*
fotogénico	*photogenic*
fotográfico	*photographic*
fotostático	*photostatic*
frenético	*frenetic*
gástrico	*gastric*
genérico	*generic*
genético	*genetic*
geriátrico	*geriatric*
gimnástico	*gymnastic*
gótico	*gothic*
gráfico	*graphic*
héctico	*hectic*
heráldico	*heraldic*
herético	*heretic*
heróico	*heroic*
hético	*hectic*
hidráulico	*hydraulic*
higiénico	*hygienic*
hispánico	*Hispanic*
histórico	*historic*
histriónico	*histrionic*
honorífico	*honorific*
icónico	*iconic*
idiomático	*idiomatic*
idiosincrásico	*idiosyncratic*

List 21

Spanish	English
itálico	*italic*
láctico	*lactic*
laico	*laic*
letárgico	*lethargic*
lingüístico	*linguistic*
lírico	*lyric*
litográfico	*lithographic*
logarítmico	*logarithmic*
mágico	*magic*
magnético	*magnetic*
magnetofónico	*magnetic*
majestuoso	*majestic*
melancólico	*melancholic*
metálico	*metallic*
meteórico	*meteoric*
metódico	*methodic*
microscópico	*microscopic*
místico	*mystic*
mnemotécnico	*mnemonic*
monográfico	*monographic*
monolítico	*monolithic*
neumónico	*pneumonic*
nucleico	*nucleic*
oceánico	*oceanic*
óptico	*optic*
orgánico	*organic*
pacífico	*pacific*
pánico	*panic*
patético	*pathetic*
patriótico	*patriotic*
periódico	*periodic*
periodístico	*journalistic*
plástico	*plastic*

List 21

Spanish	English
problemático	*problematic*
prolífico	*prolific*
prosaico	*prosaic*
psíquico	*psychic*
púbico	*pubic*
público	*public*
rítmico	*rhythmic*
romántico	*romantic*
rústico	*rustic*
sarcástico	*sarcastic*
satánico	*satanic*
semántico	*semantic*
séptico	*septic*
simbiótico	*symbiotic*
simbólico	*symbolic*
simétrico	*symmetric*
síndico	*syndic*
sinergético	*synergistic*
sinóptico	*synoptic*
sintético	*synthetic*
sísmico	*seismic*
sistemático	*systematic*
sistémico	*systemic*
sónico	*sonic*
soporífico	*soporific*
telegráfico	*telegraphic*
tráfico	*traffic*
trágico	*tragic*
traumático	*traumatic*
trópico	*tropic*
turístico	*touristic*
ultrasónico	*ultrasonic*

List 22. Adjective: -ico/-ical

Similarly, there are many English adjectives ending in '-ical' have their Spanish counterparts ending in '-ico'.

Spanish	English
alfabético	*alphabetical*
anatómico	*anatomical*
apolítico	*apolitical*
asimétrico	*asymmetrical*
astrológico	*astrological*
astronómico	*astronomical*
atípico	*atypical*
bacteriológico	*bacteriological*
bíblico	*biblical*
bibliográfico	*bibliographical*
biográfico	*biographical*
biológico	*biological*
biotecnológico	*biotechnical*
cardiológico	*cardiological*
categórico	*categorical*
cómico	*comical*
cronológico	*chronological*
eclesiástico	*ecclesiastical*
estratégico	*strategical*
etimológico	*etymological*
farmacéutico	*pharmaceutical*
farmacológico	*pharmacological*
filosófico	*philosophical*
físico	*physical*
fisiológico	*physiological*
geográfico	*geographical*
geológico	*geological*
geométrico	*geometrical*
geopolítico	*geopolitical*

List 22

Spanish	English
hemisférico	*hemispherical*
histérico	*hysterical*
histológico	*histological*
idéntico	*identical*
ideológico	*ideological*
ilógico	*illogical*
impráctico	*impractical*
irónico	*ironical*
jurídico	*juridical*
lexicográfico	*lexicographical*
lógico	*logical*
matemático	*mathematical*
mecánico	*mechanical*
microbiológico	*microbiological*
músico	*musical*
neurológico	*neurological*
numérico	*numerical*
oceanográfico	*oceanographical*
oftalmológico	*ophthalmological*
patológico	*pathological*
poético	*poetical*
político	*political*
práctico	*practical*
psicológico	*psychological*
quimérico	*chimerical*
químico	*chemical*
quirúrgico	*surgical*
radiológico	*radiological*
sicológico	*psychological*
sociológico	*sociological*
técnico	*technical*
tecnológico	*technological*
típico	*typical*

List 22

Spanish	English
tiránico	*tyrannical*

List 23. Adjective: -ble/-ble

English adjective ending in '-ble' usually has its corresponding Spanish cognate also ending in '-ble'.

Spanish	English
abominable	abominable
accesible	accessible
aceptable	acceptable
acusable	accusable
admirable	admirable
admisible	admissible
afable	affable
agradable	agreeable
amigable	amicable
aplicable	applicable
argüible	arguable
cable	cable
cancelable	cancelable
comestible	comestible
comparable	comparable
comprensible	comprehensible
concebible	conceivable
considerable	considerable
consumible	consumable
contractable	contractible
controlable	controllable
convencible	convincible
convertible	convertible
culpable	culpable
deducible	deductible
deplorable	deplorable
desagradable	disagreeable
deseable	desirable
desfavorable	unfavourable

List 23

Spanish	English
detestable	detestable
doble	double (adj.)
durable	durable
ejecutable	executable
elegible	eligible
estimable	estimable
extensible	extensible
favorable	favorable
formidable	formidable
honorable	honorable
horrible	horrible
identificable	identifiable
ilegible	illegible
impasible	impassible
imperceptible	imperceptible
implacable	implacable
imposible	impossible
impredecible	unpredictable
inaccesible	inaccessible
inaceptable	unacceptable
inadmisible	inadmissible
inaplicable	inapplicable
inclasificable	unclassifiable
incomparable	incomparable
incompatible	incompatible
incomprensible	incomprehensible
incontestable	incontestable
incontrolable	uncontrollable
increíble	incredible
incuestionable	unquestionable
incurable	incurable
indiscutible	indisputable
indispensable	indispensable

List 23

Spanish	English
inestimable	*inestimable*
inevitable	*inevitable*
inexplicable	*inexplicable*
inextricable	*inextricable*
infalible	*infallible*
infatigable	*indefatigable*
inflamable	*inflammable*
injustificable	*unjustifiable*
inmanejable	*unmanageable*
innoble	*ignoble*
insaciable	*insatiable*
insensible	*insensible*
inseparable	*inseparable*
insoluble	*insoluble*
insoportable	*insupportable*
instable	*unstable*
insuperable	*insuperable*
interminable	*interminable*
intolerable	*intolerable*
intransferible	*untransferable*
invariable	*invariable*
invencible	*invincible*
invisible	*invisible*
irreductible	*irreducible*
irreparable	*irreparable*
irresistible	*irresistible*
irresponsable	*irresponsible*
irrevocable	*irrevocable*
justificable	*justifiable*
lamentable	*lamentable*
laudable	*laudable*
legible	*legible*
memorable	*memorable*

List 23

Spanish	English
miserable	*miserable*
movible	*movable*
navegable	*navigable*
negociable	*negotiable*
noble	*noble (adj.)*
notable	*notable*
perceptible	*perceptible*
plausible	*plausible*
posible	*possible*
preferible	*preferable*
probable	*probable*
publicable	*publishable*
razonable	*reasonable*
reciclable	*recyclable*
remarcable	*remarkable*
reprensible	*reprehensible*
respetable	*respectable*
responsable	*responsible*
soluble	*soluble*
susceptible	*susceptible*
tangible	*tangible*
terrible	*terrible*
transferible	*transferable*
variable	*variable*
venerable	*venerable*
verificable	*verifiable*
viable	*viable*
visible	*visible*

List 24. Adjective: -nte/-nt

Many English adjectives ending in '-nt' can be converted into Spanish by changing the ending to '-nte'.

Spanish	English
aberrante	aberrant
abstinente	abstinent
abundante	abundant
accidente	accident
adherente	adherent
adolescente	adolescent
adsorbente	adsorbent
adyacente	adjacent
agente	agent
ambivalente	ambivalent
antecedente	antecedent
antioxidante	antioxidant
aparente	apparent
aquiescente	acquiescent
ardiente	ardent
arrogante	arrogant
asaltante	assailant
aspirante	aspirant
ayudante	adjutant
benevolente	benevolent
bivalente	bivalent
brillante	brilliant
clemente	clement
cliente	client
cociente	quotient
coeficiente	coefficient
cohabitante	cohabitant
coherente	coherent
comandante	commandant

List 24

Spanish	English
complaciente	*complaisant*
concordante	*concordant*
concurrente	*concurrent*
confidente	*confident (n.)*
confluente	*confluent*
consiguiente	*consequent*
consonante	*consonant*
constante	*constant*
constituyente	*constituent*
constringente	*constringent*
contaminante	*contaminant*
continente	*continent*
contingente	*contingent*
convaleciente	*convalescent*
convergente	*convergent*
correspondiente	*correspondent*
creciente	*crescent*
delincuente	*delinquent*
descendiente	*descendent*
desobediente	*disobedient*
diferente	*different*
discordante	*discordant*
distante	*distant*
divergente	*divergent*
eficiente	*efficient*
elefante	*elephant*
elegante	*elegant*
elocuente	*eloquent*
emergente	*emergent*
emigrante	*emigrant*
eminente	*eminent*
equivalente	*equivalent*
errante	*errant*

List 24

Spanish	English
evidente	*evident*
excelente	*excellent*
exorbitante	*exorbitant*
expectante	*expectant*
exuberante	*exuberant*
exultante	*exultant*
ferviente	*fervent*
flagrante	*flagrant*
flameante	*flamboyant*
fluorescente	*fluorescent*
frecuente	*frequent (adj.)*
frequente	*frequent*
galante	*gallant*
gigante	*giant*
gradiente	*gradient*
ignorante	*ignorant*
importante	*important*
impotente	*impotent*
imprudente	*imprudent*
impudente	*impudent*
incesante	*incessant*
incidente	*incident*
incipiente	*incipient*
incompetente	*incompetent*
inconveniente	*inconvenient*
independiente	*independent*
indiferente	*indifferent*
indolente	*indolent*
indulgente	*indulgent*
ineficiente	*inefficient*
inelegante	*inelegant*
inexistente	*inexistent*
infrecuente	*infrequent*

List 24

Spanish	English
ingrediente	*ingredient*
inminente	*imminent*
inocente	*innocent*
insignificante	*insignificant*
insolente	*insolent*
insolvente	*insolvent*
insuficiente	*insufficient*
insurgente	*insurgent*
integrante	*integrant*
inteligente	*intelligent*
intolerante	*intolerant*
irrelevante	*irrelevant*
irreverente	*irreverent*
latente	*latent*
lubricante	*lubricant*
magnilocuente	*magniloquent*
mercante	*merchant*
monte	*mount (n.)*
mutante	*mutant*
naciente	*nascent*
negligente	*negligent*
nutriente	*nutrient*
obediente	*obedient*
occidente	*occident*
omnipotente	*omnipotent*
omnipresente	*omnipresent*
omnisciente	*omniscient*
opalescente	*opalescent*
oriente	*orient*
paciente	*patient*
pedante	*pedant*
permanente	*permanent*
pertinente	*pertinent*

List 24

Spanish	English
plenipotente	*plenipotent*
precedente	*precedent*
presciente	*prescient*
presidente	*president*
protestante	*protestant*
prudente	*prudent*
radiante	*radiant*
reluctante	*reluctant*
renaciente	*renascent*
residente	*resident*
resonante	*resonant*
resplandeciente	*resplendent*
respondiente	*respondent*
restaurante	*restaurant*
resurgente	*resurgent*
reverente	*reverent*
rumiante	*ruminant*
saliente	*salient*
serpiente	*serpent*
significante	*significant*
sirviente	*servient*
subsiguiente	*subsequent*
suficiente	*sufficient*
superintendente	*superintendent*
suplicante	*supplicant*
tinte	*tint*
torrente	*torrent*
transparente	*transparent*
trasluciente	*translucent*
triunfante	*triumphant*
urgente	*urgent*
vacante	*vacant*
valiente	*valiant*

List 25. Adjective: -ido/-id

English adjectives ending with '-id' frequently have their Spanish cognates end with '-ido'.

Spanish	English
ácido	acid
árido	arid
ávido	avid
cándido	candid
Cupido	cupid
espléndido	splendid
estúpido	stupid
fétido	fetid
flácido	flaccid
fluido	fluid
frígido	frigid
híbrido	hybrid
hórrido	horrid
insípido	insipid
intrépido	intrepid
lánguido	languid
límpido	limpid
lípido	lipid
líquido	liquid
lívido	livid
lúcido	lucid
mórbido	morbid
pálido	pallid
plácido	placid
rápido	rapid
sólido	solid
válido	valid
vívido	vivid

List 26. Adjective: -il/-ile

English adjectives ending with '-ile' usually can be converted into Spanish by dropping the final 'e'.

Spanish	English
ágil	*agile*
antimisil	*antimissile*
automóvil	*automobile*
contráctil	*contractile*
dócil	*docile*
dúctil	*ductile*
eréctil	*erectile*
estéril	*sterile*
facsímil	*facsimile*
fértil	*fertile*
físil	*fissile*
frágil	*fragile*
hostil	*hostile*
imbécil	*imbecile*
infantil	*infantile*
infértil	*infertile*
juvenil	*juvenile (adj.)*
lábil	*labile*
mercantil	*mercantile*
misil	*missile*
móvil	*mobile*
proyectil	*projectile*
pueril	*puerile*
reptil	*reptile*
senil	*senile*
servil	*servile*
táctil	*tactile*
textil	*textile*
viril	*virile*

List 27. Adjectives and nouns: -ario/-ary

This category includes many Spanish words ending in '-ario' that have their corresponding English words ending in '-ary'.

Spanish	English
actuario	*actuary*
adversario	*adversary*
alimentario	*alimentary*
aniversario	*anniversary*
arbitrario	*arbitrary*
beneficiario	*beneficiary*
binario	*binary*
calvario	*calvary*
canario	*canary*
comentario	*commentary*
complementario	*complementary*
contrario	*contrary*
corolario	*corollary*
culinario	*culinary*
diccionario	*dictionary*
disciplinario	*disciplinary*
documentario	*documentary adj.*
estuario	*estuary*
extraordinario	*extraordinary*
fiduciario	*fiduciary*
fragmentario	*fragmentary*
funcionario	*functionary*
glosario	*glossary*
hereditario	*hereditary*
honorario	*honorary adj.*
imaginario	*imaginary*
innecesario	*unnecessary*
involuntario	*involuntary*
itinerario	*itinerary*

List 27

Spanish	English
judiciario	*judiciary*
legendario	*legendary*
literario	*literary*
monetario	*monetary*
necesario	*necessary*
notario	*notary*
obituario	*obituary*
parlamentario	*parliamentary*
pecuniario	*pecuniary*
penitenciario	*penitentiary*
primario	*primary*
revolucionario	*revolutionary*
rudimentario	*rudimentary adj.*
salario	*salary*
secretario	*secretary*
secundario	*secondary*
sedentario	*sedentary*
solitario	*solitary*
subsidiario	*subsidiary adj.*
sumario	*summary adj.*
suntuario	*sumptuary*
suplementario	*supplementary*
temporario	*temporary*
ternario	*ternary*
unitario	*unitary adj.*
visionario	*visionary*
vocabulario	*vocabulary*
voluntario	*voluntary*

List 28. Verb: -ar/-ate

There are many English verbs that can be converted into Spanish, usually by changing the ending of the English verb and adding the Spanish verb suffices 'ar', 'er' or 'ir'. Almost every English verb ending in '-ate' can be converted into a Spanish infinitive by replacing the final '-ate' with '-ar'.

Spanish	English
abdicar	*abdicate (v.)*
acelerar	*accelerate*
acentuar	*accentuate*
aclimatar	*acclimate*
activar	*activate*
acumular	*accumulate*
adjudicar	*adjudicate*
administrar	*administrate*
adulterar	*adulterate*
afiliar	*affiliate*
agitar	*agitate*
agravar	*aggravate*
agregar	*aggregate (v.)*
alienar	*alienate*
aliviar	*alleviate*
alternar	*alternate (v.)*
amputar	*amputate*
animar	*animate*
anticipar	*anticipate*
apropiar	*appropriate (v.)*
aproximar	*approximate*
articular	*articulate*
asesinar	*assassinate*
asimilar	*assimilate*
asociar	*associate (v.)*

List 28

Spanish	English
atenuar	*attenuate*
autenticar	*authenticate*
automatizar	*automate*
calcular	*calculate*
castigar	*castigate*
celebrar	*celebrate*
colaborar	*collaborate*
complicar	*complicate*
comunicar	*communicate*
concentrar	*concentrate*
conciliar	*conciliate*
condicionar	*conditionate*
configurar	*configurate*
conglomerar	*conglomerate*
conmemorar	*commemorate*
conmensurar	*commensurate*
consolidar	*consolidate*
contaminar	*contaminate*
contemplar	*contemplate*
cooperar	*cooperate*
coordinar	*coordinate*
corrugar	*corrugate*
crear	*create*
cultivar	*cultivate*
datar	*date (v.)*
debilitar	*debilitate*
decorar	*decorate*
dedicar	*dedicate*
deflacionar	*deflate*
degenerar	*degenerate*
delegar	*delegate*
deliberar	*deliberate*
delinear	*delineate*

List 28

Spanish	English
demostrar	*demonstrate*
designar	*designate*
desviar	*deviate*
deteriorar	*deteriorate*
devastar	*devastate*
dictar	*dictate*
diferenciar	*differentiate*
discriminar	*discriminate*
disipar	*dissipate*
domesticar	*domesticate*
dominar	*dominate*
duplicar	*duplicate*
elevar	*elevate*
eliminar	*eliminate*
elucidar	*elucidate*
emanar	*emanate*
emancipar	*emancipate*
emigrar	*emigrate*
enervar	*enervate*
enumerar	*enumerate*
enunciar	*enunciate*
equilibrar	*equilibrate*
especular	*speculate*
estipular	*stipulate*
evacuar	*evacuate*
evaluar	*evaluate*
exagerar	*exaggerate*
expatriar	*expatriate*
extrapolar	*extrapolate*
fabricar	*fabricate*
facilitar	*facilitate*
fascinar	*fascinate*
felicitar	*felicitate*

List 28

Spanish	English
filtrar	filtrate
fluctuar	fluctuate
formular	formulate
frustrar	frustrate
generar	generate
germinar	germinate
gesticular	gesticulate
girar	gyrate
graduar	graduate (v.)
hesitar	hesitate
hibernar	hibernate
humillar	humiliate
iluminar	illuminate
ilustrar	illustrate
imitar	imitate
implicar	implicate
impregnar	impregnate
inaugurar	inaugurate
incorporar	incorporate
indicar	indicate
infiltrar	infiltrate
inflar	inflate
inmigrar	immigrate
inmolar	immolate
innovar	innovate
inocular	inoculate
insinuar	insinuate
integrar	integrate
interpolar	interpolate
interrogar	interrogate
intimidar	intimidate
inundar	inundate
investigar	investigate

List 28

Spanish	English
irrigar	*irrigate*
irritar	*irritate*
iterar	*iterate*
laminar	*laminate*
liberar	*liberate*
liquidar	*liquidate*
lubricar	*lubricate*
mediar	*mediate*
meditar	*meditate*
moderar	*moderate (v.)*
motivar	*motivate*
mutar	*mutate*
mutilar	*mutilate*
narrar	*narrate*
nausear	*nauseate*
necesitar	*necessitate*
negociar	*negotiate*
nominar	*nominate*
ofuscar	*obfuscate*
operar	*operate*
oscilar	*oscillate*
palpar	*palpate*
palpitar	*palpitate*
participar	*participate*
penetrar	*penetrate*
perpetuar	*perpetuate*
platear	*plate (v.)*
polinizar	*pollinate*
posdatar	*post-date*
precipitar	*precipitate*
predicar	*predicate*
proliferar	*proliferate*
propagar	*propagate*

List 28

Spanish	English
reactivar	reactivate
recrear	recreate
reformular	reformulate
regenerar	regenerate
reiterar	reiterate
relatar	relate
saturar	saturate
separar	separate (v.)
situar	situate
sofocar	suffocate
subordinar	subordinate (v.)
terminar	terminate
tolerar	tolerate
translocar	translocate
triplicar	triplicate
vacilar	vacillate
vacunar	vaccinate
validar	validate
valuar	evaluate
venerar	venerate
vibrar	vibrate
vituperar	vituperate

List 29. Verb: -tar/t, -tir/-t

Many English verbs ending in VOWEL + CONSONANT + T can be converted into Spanish verbs by adding '-ar' or '-ir' to the end of the English verb.

Spanish	English
abstractar	abstract
aceptar	accept
acreditar	accredit
adaptar	adapt
admitir	admit
adoptar	adopt
afectar	affect (v.)
ajustar	adjust
ameritar	merit
apartar	part
apostar	post
atormentar	torment (v.)
auditar	audit
aumentar	augment
batir	beat
coexistir	coexist
cohabitar	cohabit
colectar	collect
combatir	combat (v.)
complementar	complement
comportar	comport (v.)
confortar	comfort
consentir	consent (v.)
consistir	consist
consultar	consult
contactar	contact
contar	count (v.)
contrastar	contrast (v.)
convertir	convert (v.)

List 29

Spanish	English
cooptar	coopt
cortar	cut
costar	cost (v.)
depositar	deposit
desconcertar	disconcert
desertar	desert (v.)
desinfectar	disinfect
desistir	desist
detectar	detect
detestar	detest
disgustar	disgust (v.)
divertir	divert
documentar	document
emitir	emit
exaltar	exalt
exhortar	exhort
existir	exist (v.)
explicitar	explicit
explotar	exploit (v.)
exportar	export
exultar	exult
eyectar	eject
fermentar	ferment (v.)
flotar	float
fomentar	foment
frecuentar	frequent (v.)
habitar	inhabit
impartir	impart
implementar	implement
importar	import (v.)
infectar	infect
insertar	insert
insistir	insist

List 29

Spanish	English
insultar	insult (v.)
interpretar	interpret
inventar	invent
invertir	invest
investir	invest
inyectar	inject
lamentar	lament
limitar	limit
listar	list
malinterpretar	misinterpret
manifestar	manifest (v.)
objetar	object
omitir	omit
patentar	patent
permitir	permit (v.)
persistir	persist
pigmentar	pigment
pivotar	pivot
plantar	plant (v.)
preexistir	preexist
protestar	protest (v.)
readmitir	readmit
reajustar	readjust
reclutar	recruit (v.)
reinvertir	reinvest
remitir	remit
repintar	repaint
representar	represent
resistir	resist
respetar	respect (v.)
resultar	result
revertir	revert
sedimentar	sediment

List 29

Spanish	English
segmentar	*segment*
solicitar	*solicit*
subcontratar	*subcontract*
subsistir	*subsist*
transmitir	*transmit*
trotar	*trot*
visitar	*visit (v.)*
vomitar	*vomit*

List 30. Verb: VOWEL + CONSONANT + E

Many English infinitive verbs ending VOWEL + CONSONANT + E can be converted into Spanish infinitive verbs by dropping the final 'e' and adding '-ar'.

Spanish	English
abusar	*abuse (v.)*
adivinar	*divine (v.)*
adjurar	*adjure*
admirar	*admire*
adorar	*adore*
alegar	*allege*
amortizar	*amortize*
analizar	*analyze*
anormalizar	*abnormalize*
anualizar	*annualize*
anunciar	*announce*
apologizar	*apologize*
aportar	*contribute*
aromatizar	*aromatize*
aspirar	*aspire*
autorizar	*authorize*
avanzar	*advance (v.)*
balancear	*balance (v.)*
canibalizar	*cannibalize*
capturar	*capture*
caracterizar	*characterize*
catalizar	*catalyze*
causar	*cause (v.)*
cesar	*cease*
circularizar	*circularize*
citar	*cite*
civilizar	*civilize*
clonar	*clone*
combinar	*combine*

List 30

Spanish	English
comenzar	*commence*
comparar	*compare*
completar	*complete (v.)*
computar	*compute*
condensar	*condense*
condonar	*condone*
confinar	*confine (v.)*
conjurar	*conjure*
conmutar	*commute*
conservar	*conserve*
consolar	*console*
conspirar	*conspire*
continuar	*continue*
conversar	*converse (v.)*
convocar	*convoke*
cristalizar	*crystallize*
danzar	*dance (v.)*
declinar	*decline*
denotar	*denote*
denunciar	*denounce*
deplorar	*deplore*
derivar	*derive*
descentralizar	*decentralize*
desear	*desire (v.)*
desenfatizar	*deemphasize*
desestabilizar	*destabilize*
desnaturalizar	*denaturalize*
desnudar	*denude*
destinar	*destine*
determinar	*determine*
disciplinar	*discipline*
dispersar	*disperse*
disputar	*dispute (v.)*

List 30

Spanish	English
divorciar	divorce (v.)
divulgar	divulge
doblar	double (v.)
dogmatizar	dogmatize
endosar	endorse
energizar	energize
escandalizar	scandalize
especializar	specialize
estandardizar	standardize
esterilizar	sterilize
estrangular	strangle
estructurar	structure
eternizar	eternize
evocar	evoke
examinar	examine
exorcizar	exorcize
expirar	expire
explorar	explore
familiarizar	familiarize
fertilizar	fertilize
forzar	force (v.)
fraternizar	fraternize
garantizar	guarantee (v.)
generalizar	generalize
hospitalizar	hospitalize
idealizar	idealize
imaginar	imagine
implorar	implore
improvisar	improvise
incitar	incite
inclinar	incline (v.)
industrializar	industrialize
inmortalizar	immortalize

List 30

Spanish	English
inmunizar	*immunize*
insensibilizar	*desensitize*
inspirar	*inspire*
internacionalizar	*internationalize*
invitar	*invite*
invocar	*invoke*
ionizar	*ionize*
legalizar	*legalize*
materializar	*materialize*
maximizar	*maximize*
movilizar	*mobilize*
notar	*note (v.)*
obligar	*oblige*
observar	*observe*
opinar	*opine*
optimizar	*optimize*
organizar	*organize*
paralizar	*paralyze*
particularizar	*particularize*
perfumar	*perfume (v.)*
perseverar	*persevere*
practicar	*practise (v.)*
predeterminar	*predetermine*
preservar	*preserve*
pronunciar	*pronounce*
provocar	*provoke*
pulverizar	*pulverize*
recitar	*recite*
reclinar	*recline*
recomenzar	*recommence*
recompensar	*recompense (v.)*
reconciliar	*reconcile*
redoblar	*redouble*

List 30

Spanish	English
reembolsar	*reimburse*
refinar	*refine*
regalar	*regale*
renunciar	*renounce*
reposar	*repose (v.)*
reservar	*reserve (v.)*
respirar	*respire*
restaurar	*restore*
retirar	*retire*
sacrificar	*sacrifice (v.)*
saludar	*salute (v.)*
sincronizar	*synchronize*
sintetizar	*synthesize*
sistematizar	*systematize*
socializar	*socialize*
supervisar	*supervise*
torturar	*torture (v.)*
transfigurar	*transfigure*
transpirar	*transpire*
transvasar	*transvase*
usar	*use (v.)*
utilizar	*utilize*
visualizar	*visualize*
votar	*vote (v.)*

List 31. Verb: -ificar/-ify

Almost every English infinitive verb ending with '-ify' can be converted into a Spanish verb by replacing the final '-ify' with '-ificar'.

Spanish	English
acidificar	*acidify*
amplificar	*amplify*
calcificar	*calcify*
certificar	*certify*
clarificar	*clarify*
clasificar	*classify*
cuantificar	*quantify*
deificar	*deify*
descalificar	*disqualify*
dignificar	*dignify*
diversificar	*diversify*
edificar	*edify*
electrificar	*electrify*
falsificar	*falsify*
fortificar	*fortify*
glorificar	*glorify*
gratificar	*gratify*
justificar	*justify*
mistificar	*mystify*
modificar	*modify*
mortificar	*mortify*
notificar	*notify*
osificar	*ossify*
pacificar	*pacify*
purificar	*purify*
ratificar	*ratify*
rectificar	*rectify*
significar	*signify*
simplificar	*simplify*

List 31

Spanish	English
solidificar	*solidify*
unificar	*unify*
verificar	*verify*

List 32. Adverb: -mente/-ly

In English, '-ly' can be added to many adjectives to form adverbs. Similarly in Spanish, '-mente' can combine with (feminine) adjectives to form Spanish adverbs.

Spanish	English
abruptamente	*abruptly*
absolutamente	*absolutely*
abundantemente	*abundantly*
abusivamente	*abusively*
accidentalmente	*accidentally*
adecuadamente	*adequately*
admirablemente	*admirably*
adversamente	*adversely*
afortunadamente	*fortunately*
agresivamente	*aggressively*
altamente	*highly*
alternativamente	*alternately*
ampliamente	*amply*
anteriormente	*formerly*
anualmente	*annually*
aparentemente	*seemingly*
aproximadamente	*approximately*
arbitrariamente	*arbitrarily*
atentamente	*attentively*
automáticamente	*automatically*
básicamente	*basically*
bravamente	*bravely*
brevemente	*briefly*
bruscamente	*brusquely*
brutalmente	*brutally*
ciertamente	*certainly*
claramente	*clearly*
completamente	*completely*
concretamente	*concretely*

List 32

Spanish	English
constantemente	*constantly*
continuamente	*continually*
contrariamente	*contrarily*
correctamente	*correctly*
cruelmente	*cruelly*
cuidadosamente	*carefully*
curiosamente	*curiously*
decentemente	*decently*
decididamente	*decidedly*
definitivamente	*definitely*
deliberadamente	*deliberately*
desgraciadamente	*unfortunately*
diariamente	*daily*
difícilmente	*difficultly*
diligentemente	*diligently*
directamente	*directly*
discretamente	*discreetly*
económicamente	*economically*
enérgicamente	*energetically*
enormemente	*enormously*
enteramente	*entirely*
esencialmente	*essentially*
especialmente	*specially*
específicamente	*specifically*
espontáneamente	*spontaneously*
estrictamente	*strictly*
eternamente	*eternally*
evidentemente	*evidently*
exactamente	*exactly*
excepcionalmente	*exceptionally*
excesivamente	*excessively*
exclusivamente	*exclusively*
extraordinariamente	*extraordinarily*

List 32

Spanish	English
extremadamente	*extremely*
famosamente	*famously*
finalmente	*finally*
firmemente	*firmly*
físicamente	*physically*
formalmente	*formally*
francamente	*frankly*
frecuentemente	*frequently*
fuertemente	*strongly*
fundamentalmente	*fundamentally*
generalmente	*generally*
gravemente	*gravely*
habitualmente	*habitually*
horriblemente	*horribly*
igualmente	*equally*
independientemente	*independently*
indudablemente	*undoubtedly*
inevitablemente	*inevitably*
infinitamente	*infinitely*
inicialmente	*initially*
inmediatamente	*immediately*
instantáneamente	*instantaneously*
instintivamente	*instinctively*
intensamente	*intensely*
íntimamente	*intimately*
justamente	*justly*
lamentablemente	*lamentably*
lentamente	*slowly*
libremente	*freely*
ligeramente	*lightly*
literalmente	*literally*
lógicamente	*logically*
mentalmente	*mentally*

List 32

Spanish	English
militarmente	*militarily*
momentáneamente	*momentarily*
mutuamente	*mutually*
naturalmente	*naturally*
necesariamente	*necessarily*
normalmente	*normally*
obviamente	*obviously*
oficialmente	*officially*
parcialmente	*partially*
particularmente	*particularly*
perfectamente	*perfectly*
permanentemente	*permanently*
personalmente	*personally*
posiblemente	*possibly*
precisamente	*precisely*
previamente	*previously*
probablemente	*probably*
profundamente	*profoundly*
progresivamente	*progressively*
propiamente	*properly*
públicamente	*publicly*
puramente	*purely*
radicalmente	*radically*
rápidamente	*rapidly*
raramente	*rarely*
recientemente	*recently*
regularmente	*regularly*
relativamente	*relatively*
rigurosamente	*rigorously*
secretamente	*secretly*
separadamente	*separately*
severamente	*severely*
silenciosamente	*silently*

List 32

Spanish	English
simplemente	*simply*
simultáneamente	*simultaneously*
sinceramente	*sincerely*
singularmente	*singularly*
solamente	*solely*
sólidamente	*solidly*
sucesivamente	*successively*
suficientemente	*sufficiently*
supuestamente	*supposedly*
teóricamente	*theoretically*
terriblemente	*terribly*
tímidamente	*timidly*
totalmente	*totally*
tradicionalmente	*traditionally*
tranquilamente	*tranquilly*
únicamente	*uniquely*
urgentemente	*urgently*
usualmente	*usually*
vagamente	*vaguely*
vastamente	*vastly*
violentamente	*violently*
virtualmente	*virtually*
visiblemente	*visibly*
voluntariamente	*voluntarily*

List 33. Spanish English cognates that do not show standard patterns (1)

Besides the 32 categories of Spanish English cognates listed above, there are also some common Spanish English cognates that do not show standard conversion patterns. They are included here because they have high appearance frequency in written or spoken Spanish. We collected 779 such cognates. For easy memorization, we break down these cognates into 8 lists: List 33-List 40.

Spanish	English
alarmar	alarm (v.)
amasar	amass
apéndice	appendix
aplomo	aplomb
aprendiz	apprentice
arte	art
ascender	ascend
atmósfera	atmosphere
balanza	balance (n.)
banquete	banquet
benéfico	beneficent
burgués	bourgeois
candidato	candidate
caos	chaos
cascada	cascade
celeste	celestial
clientela	clientele
colorar	color (v.)
cometer	commit
común	common
confirmar	confirm
considerar	consider
contraste	contrast (n.)
cráneo	cranium
definir	define
desorden	disorder (n.)

List 33

Spanish	English
disciplina	*discipline*
disolver	*dissolve*
equilibrio	*equilibrium*
estructura	*structure*
expresar	*express (v.)*
expulsar	*expel*
falsear	*falsify*
favorito	*favorite (n., adj.)*
firme	*firm (adj.)*
grandeza	*grandeur*
grotesco	*grotesque*
héroe	*hero*
higiene	*hygiene*
ilustre	*illustrious*
importuno	*importunate*
incompleto	*incomplete*
influir	*influence (v.)*
intenso	*intense*
intervenir	*intervene*
intriga	*intrigue*
júbilo	*jubilance*
lasitud	*lassitude*
legítimo	*legitimate*
línea	*line*
marítimo	*maritime*
meteoro	*meteor*
millón	*million*
minuto	*minute*
modelo	*model*
molde	*mold*
monólogo	*monologue*
multiplicar	*multiply*
museo	*museum*

List 33

Spanish	English
novela	*novel (n.)*
obelisco	*obelisk*
obscuro	*obscure*
ofensa	*offense*
origen	*origin*
orquesta	*orchestra*
oxígeno	*oxygen*
perdonar	*pardon (v.)*
período	*period*
perla	*pearl*
persuadir	*persuade*
pistola	*pistol*
plato	*plate (n.)*
práctica	*practice (n.)*
precipicio	*precipice*
prematuro	*premature*
presumir	*presume*
princesa	*princess*
prólogo	*prologue*
puro	*pure*
refugio	*refuge*
reproche	*reproach (n.)*
reserva	*reserve (n.)*
responder	*respond*
retornar	*return (v.)*
rosa	*rose*
ruptura	*rupture*
serio	*serious*
submarino	*submarine*
superfluo	*superfluous*
suspender	*suspend*
tabaco	*tobacco*
tardo	*tardy*

List 33

Spanish	English
té	*tea*
tren	*train*
tricolor	*tricolored*
trovador	*troubadour*
vago	*vague*
vituperio	*vituperation*
vizconde	*viscount*

List 34. Spanish English cognates that do not show standard patterns (2)

Spanish	English
abandonar	*abandon (v.)*
aceptación	*acceptance*
ámbar	*amber*
análogo	*analogous*
angustia	*anguish*
anular	*annul*
apetito	*appetite*
apóstol	*apostle*
arcada	*arcade*
arrepentirse	*repent*
átomo	*atom*
auxiliar	*auxiliary*
aventura	*adventure*
barra	*bar*
base	*basis*
bastardo	*bastard*
beneficio	*benefit (n.)*
blando	*bland*
boxeador	*boxer*
bronce	*bronze*
cabriolé	*cabriolet*
capitán	*captain*
caso	*case*
chimenea	*chimney*
clima	*climate*
confesar	*confess*
copiar	*copy (v.)*
decidir	*decide*
decreto	*decree*
definitivo	*definite*
despacho	*dispatch*

List 34

Spanish	English
distribuir	*distribute*
domicilio	*domicile*
estacional	*seasonal*
examen	*examination*
exceso	*excess*
fenómeno	*phenomenon*
forzado	*forced*
franco	*frank*
frívolo	*frivolous*
gentileza	*gentility*
gesto	*gesture*
gimnasio	*gymnasium*
granito	*granite*
grupo	*group (n.)*
hacha	*hatchet*
húmedo	*humid*
imagen	*image*
indefinido	*indefinite*
individuo	*individual (n.)*
influyente	*influential*
inmediato	*immediate*
interviú	*interview*
irresoluto	*irresolute*
kilogramo	*kilogram*
latitud	*latitude*
legumbre	*legume*
malicia	*malice*
metro	*meter*
mina	*mine (n.)*
multitud	*multitude*
música	*music*
neutro	*neutral*
patriarca	*patriarch*

List 34

Spanish	English
pedagogo	*pedagogue*
perturbar	*perturb*
polémica	*polemic*
prefectura	*prefecture*
prolongar	*prolong*
reinar	*reign (v.)*
reproducir	*reproduce*
rito	*rite*
rotundo	*rotund*
sátira	*satire*
seducir	*seduce*
silueta	*silhouette*
sobrehumano	*superhuman*
subterráneo	*subterranean*
sumergir	*submerge*
suspenso	*suspense*
tarifa	*tariff*
temperatura	*temperature*
termómetro	*thermometer*
tibio	*tepid*
tranquilo	*tranquil*
transporte	*transport (n.)*
trompetero	*trumpeter*
unido	*united*
urbano	*urbane*
vena	*vein*
veneno	*venom*
veterano	*veteran*

List 35. Spanish English cognates that do not show standard patterns (3)

Spanish	English
abuso	abuse (n.)
acceso	access
actitud	attitude
adherir	adhere
afortunado	fortunate
agrupar	group (v.)
alianza	alliance
anónimo	anonymous
aplaudir	applaud
arco	arch
avaricia	avarice
aventurero	adventurer
balcón	balcony
bárbaro	barbarian
batalla	battle
beneficiar	benefit (v.)
camello	camel
casta	caste
centro	center
clase	class
colega	colleague
comediante	comedian
completo	complete (adj.)
comunión	communion
conceder	concede
contribuir	contribute
crimen	crime
cubano	Cuban
cumplido	compliment
curva	curve
delirio	delirium

List 35

Spanish	English
desconsolado	*disconsolate*
desembarcar	*disembark*
destino	*destiny*
duelo	*duel*
engendrar	*engender*
establecer	*establish*
estatua	*statue*
evadir	*evade*
fama	*fame*
filósofo	*philosopher*
galope	*gallop*
genuino	*genuine*
heredero	*heir*
hipócrita	*hypocrite*
indígena	*indigenous*
informar	*inform (v.)*
injusticia	*injustice*
intimidad	*intimacy*
inverso	*inverse*
kilómetro	*kilometer*
locomotora	*locomotive*
maligno	*malignant*
minero	*miner*
monosílabo	*monosyllable*
mundano	*mundane*
muselina	*muslin*
núcleo	*nucleus*
ocupar	*occupy*
oferta	*offer*
pasado	*past*
persona	*person*
perverso	*perverse*
plaga	*plague*

List 35

Spanish	English
plenitud	*plenitude*
policía	*police*
porcelana	*porcelain*
preferir	*prefer*
preocupado	*preoccupied*
principio	*principle (n.)*
promesa	*promise (n.)*
propietario	*proprietor*
razón	*reason (n.)*
recíproco	*reciprocal*
reconstituir	*reconstitute*
rectitud	*rectitude*
régimen	*regime*
remediar	*remedy (v.)*
reposo	*repose (n.)*
residir	*reside*
retórica	*rhetoric*
reunir	*reunite*
ruta	*route (n.)*
sexo	*sex*
solemne	*solemn*
técnica	*technique*
tempestad	*tempest*
terraza	*terrace*
tesis	*thesis*
trémulo	*tremulous*
triunfo	*triumph (n.)*
tronco	*trunk*
verbo	*verb*
voto	*vote (n.)*

List 36. Spanish English cognates that do not show standard patterns (4)

Spanish	English
absorber	absorb
acostumbrar	accustom
adverbio	adverb
agrícola	agricultural
análisis	analysis
aparato	apparatus
aplauso	applause
archipiélago	archipelago
ataque	attack (n.)
aumento	augmentation
avenida	avenue
balón	balloon
batallón	battalion
blusa	blouse
caravana	caravan
causa	cause (n.)
cilindro	cylinder
código	code
coloso	colossus
concebir	conceive
conforme	conform
consignar	consign
consumir	consume
contemporáneo	contemporary
cristiano	christian
cubo	cube
denso	dense
desarmar	disarm
destrozar	destroy
devorar	devour
discurso	discourse

List 36

Spanish	English
duque	duke
eco	echo
embalsamar	embalm
énfasis	emphasis
epicúreo	epicure
errar	err
estatuto	statute
exactitud	exactitude
excusa	excuse (n.)
fatiga	fatigue
formar	form (v.)
fortuna	fortune
gigantesco	gigantic
hemisferio	hemisphere
historiador	historian
inmenso	immense
intérprete	interpreter
íntimo	intimate
jardinero	gardener
lámpara	lamp
magistrado	magistrate
marcar	mark (v.)
materno	maternal
medalla	medal
mencionar	mention (v.)
moderno	modern
momentáneo	momentary
monótono	monotonous
montaña	mountain
morboso	morbid
número	number
observador	observer
ocurrir	occur

List 36

Spanish	English
pagano	*pagan*
pasta	*paste*
perfeccionar	*perfect (v.)*
pirámide	*pyramid*
prevalecer	*prevail*
progreso	*progress*
prontitud	*promptitude*
publicar	*publish*
razonar	*reason (v.)*
reconstruir	*reconstruct*
rejuvenecer	*rejuvenate*
republicano	*republican*
respetuoso	*respectful*
rudo	*rude*
sacrificio	*sacrifice (n.)*
salva	*salvo*
senado	*senate*
servir	*serve*
signo	*sign*
siniestro	*sinister*
subscribir	*subscribe*
sustentar	*sustain*
taciturno	*taciturn*
terreno	*terrain*
tono	*tone*
traspasar	*trespass*
triunfar	*triumph (v.)*
trono	*throne*
tubo	*tube*
variar	*vary*
vicio	*vice*
villano	*villain*
virgen	*virgin*

List 36

Spanish	English
volcán	*volcano*

List 37. Spanish English cognates that do not show standard patterns (5)

Spanish	English
abismo	abyss
abolir	abolish (v.)
abstener	abstain
afirmar	affirm
agricultura	agriculture
armar	arm (v.)
atacar	attack (v.)
banda	band
barbero	barber
benévolo	benevolent
bravura	bravery
ciprés	cypress
columna	column
confianza	confidence
constituir	constitute
contender	contend
convencer	convince
crónica	chronicle
cuarto	quarter
desastre	disaster
descender	descend
desesperar	despair
difícil	difficult
diócesis	diocese
discordia	discord
embarcar	embark
enorme	enormous
episodio	episode
escultura	sculpture (n.)
exquisito	exquisite
extremo	extreme

List 37

Spanish	English
fatuo	*fatuous*
finanza	*finance*
garantía	*guarantee (n.)*
hierba	*herb*
horizonte	*horizon*
imperio	*empire*
indio	*Indian*
infierno	*inferno*
interés	*interest (n.)*
laborar	*labor (v.)*
lanza	*lance*
longitud	*longitude*
magnífico	*magnificent*
mandamiento	*mandamus*
mártir	*martyr (n.)*
media	*median*
metrópoli	*metropolis*
miniatura	*miniature*
mixto	*mix*
moribundo	*moribund*
mutuo	*mutual*
nocturno	*nocturnal*
página	*page*
paraíso	*paradise*
péndulo	*pendulum*
permiso	*permit (n.)*
peste	*pest*
pompa	*pomp*
preceder	*precede*
presidir	*preside*
prisión	*prison*
profano	*profane*
proscribir	*proscribe*

List 37

Spanish	English
rancho	*ranch*
rayo	*ray*
recurso	*recourse*
rico	*rich*
rufián	*ruffian*
satisfecho	*satisfied*
servicio	*service*
sílaba	*syllable*
simultáneo	*simultaneous*
sirena	*siren*
sombrío	*somber*
teatro	*theatre*
telégrafo	*telegraph (n.)*
temporal	*temporary*
terrestre	*terrestrial*
tigre	*tiger*
transformar	*transform*
universo	*universe*
vacaciones	*vacation*
vasallo	*vassal*
verdura	*verdure*
vinagre	*vinegar*
voltio	*volt*

List 38. Spanish English cognates that do not show standard patterns (6)

Spanish	English
ábaco	abacus
aclamar	acclaim (v.)
actriz	actress
adquirir	acquire
adverso	adverse
alinear	align
alterar	alter
anexo	annex (n.)
aptitud	aptitude
arquitectura	architecture
astrónomo	astronomer
atributo	attribute (n.)
bandido	bandit
benigno	benign
bomba	bomb
bruto	brute
cálculo	calculation
capa	cape
catálogo	catalogue
certificado	certificate
cigarro	cigar
circo	circus
coincidir	coincide
combate	combat (n.)
comercio	commerce
comparación	comparison
complejo	complex
comprender	comprehend
concluir	conclude
congreso	congress
contradecir	contradict

List 38

Spanish	English
criatura	*creature*
crítica	*criticism*
década	*decade*
defectuoso	*defective*
demoler	*demolish*
describir	*describe*
detalle	*detail*
diálogo	*dialogue*
disputa	*dispute (n.)*
enemigo	*enemy*
ensalada	*salad*
entrar	*enter*
época	*epoch*
escándalo	*scandal*
estómago	*stomach*
eterno	*eternal*
femenino	*feminine*
fibra	*fiber*
financiero	*financial*
fósforo	*phosphorus*
gasolina	*gasoline*
geranio	*geranium*
globo	*globe*
gratitud	*gratitude*
guardia	*guard (n.)*
impuro	*impure*
infame	*infamous*
ingratitud	*ingratitude*
instituto	*institute (n.)*
interesar	*interest (v.)*
interrumpir	*interrupt*
invadir	*invade*
isla	*isle*

List 38

Spanish	English
lengua	*language*
libertad	*liberty*
magnitud	*magnitude*
mandato	*mandate*
mapa	*map*
maravilla	*marvel*
mínimo	*minimum*
monarca	*monarch*
monstruo	*monster*
murmullo	*murmur (n.)*
obstinación	*obstinacy*
océano	*ocean*
oliva	*olive*
palacio	*palace*
paralelo	*parallel*
paterno	*paternal*
pétalo	*petal*
pino	*pine*
prejuicio	*prejudiced*
prerrogativa	*prerogative*
prisionero	*prisoner*
prosa	*prose*
proverbio	*proverb*
rebelde	*rebel*
recobrar	*recover*
recomendar	*recommend*
reducir	*reduce*
rencor	*rancour*
resina	*resin*
resultado	*result (n.)*
ridículo	*ridiculous*
roca	*rock*
ruina	*ruin (n.)*

List 38

Spanish	English
sazonar	*season (v.)*
sepulcro	*sepulchre*
símbolo	*symbol*
solicitud	*solicitude*
sonoro	*sonorous*
suicidio	*suicide*
supremo	*supreme*
táctica	*tactics*
telegrafiar	*telegraph (v.)*
tema	*theme*
timidez	*timidity*
tribu	*tribe*
trofeo	*trophy*
túnica	*tunic*
unánime	*unanimous*
vanguardia	*vanguard*
volumen	*volume*
zona	*zone*

List 39. Spanish English cognates that do not show standard patterns (7)

Spanish	English
absurdo	absurd
acompañar	accompany
aire	air (n.)
amonestar	admonish
anécdota	anecdote
apelar	appeal (v.)
arbitrariedad	arbitrariness
arruinar	ruin (v.)
atento	attentive
atleta	athlete
atribuir	attribute (v.)
austero	austere
autómata	automaton
azur	azure
banco	bank
brigada	brigade
burlesco	burlesque
calendario	calendar
carpintero	carpenter
catástrofe	catastrophe
ceder	cede
champaña	champagne
cigarillo	cigarette
concurso	concourse
cooperativa	cooperative
cultura	culture
dama	dame
defender	defend
delicadeza	delicacy
demonio	demon
diámetro	diameter

List 39

Spanish	English
dificultad	difficulty (n.)
discernir	discern
doctrina	doctrine
entusiasmo	enthusiasm
fábula	fable
favorecer	favor (v.)
fino	fine
fotografiar	photograph (v.)
frutero	fruiterer
germen	germ
grano	grain
guillotina	guillotine
homicidio	homicide
horrendo	horrendous
huracán	hurricane
inhumano	inhuman
insano	insane
instalar	install
instituir	institute (v.)
jarra	jar
justicia	justice
lúgubre	lugubrious
marchar	march (v.)
matrona	matron
militar	military
ministro	ministry
murmurar	murmur (v.)
obstruir	obstruct
pausa	pause
pérfido	perfidious
perpetuo	perpetual
perspectiva	perspective
ponderar	ponder

List 39

Spanish	English
prelado	*prelate*
prescribir	*prescribe*
primero	*primary*
proclamar	*proclaim*
pulso	*pulse*
quietud	*quietude*
rebelión	*rebellion*
reformar	*reform (v.)*
representante	*representative*
requerir	*require*
retardar	*retard*
segundo	*second*
sereno	*serene*
silencio	*silence*
sincero	*sincere*
sorpresa	*surprise (n.)*
substituto	*substitute (n.)*
teléfono	*telephone*
túnel	*tunnel*
usurpar	*usurp*
vegetal	*vegetable (adj.)*
virtud	*virtue*

List 40. Spanish English cognates that do not show standard patterns (8)

Spanish	English
abundar	abound
acuerdo	accord (n.)
aparecer	appear
asamblea	assembly
audaz	audacious
avance	advance (n.)
banquero	banker
barril	barrel
bicicleta	bicycle
bulevar	boulevard
calmar	calm (v.)
camarada	comrade
campeón	champion
candidatura	candidacy
capricho	caprice
cheque	check (n.)
complicado	complicated
concreto	concrete
conferir	confer
conquistar	conquer
construir	construct
contener	contain
continuo	continual
cúpula	cupola
danza	dance (n.)
defensa	defense
delicado	delicate
diamante	diamond
distinguir	distinguish
divino	divine (n.)
edificio	edifice

List 40

Spanish	English
espacio	*space*
espontáneo	*spontaneous*
excluir	*exclude*
exhibir	*exhibit (v.)*
expreso	*express (n.)*
extinguir	*extinguish*
falso	*false*
feroz	*ferocious*
fin	*finis*
fotografía	*photograph*
fresco	*fresh*
funcionar	*function (v.)*
furor	*fury*
genio	*genius*
gramática	*grammar*
guitarra	*guitar*
hidrógeno	*hydrogen*
homogéneo	*homogeneous*
humano	*human*
inerte	*inert*
iniciativa	*initiative*
intervalo	*interval*
jerga	*jargon*
laberinto	*labyrinth*
literatura	*literature*
majestad	*majesty*
margen	*margin*
máscara	*mask*
máximo	*maximum*
medicina	*medicine*
milicia	*militia*
moda	*mode*
moneda	*money*

List 40

Spanish	English
nervio	*nerve*
norte	*north*
notorio	*notorious*
obertura	*overture*
oblicuo	*oblique*
obtener	*obtain*
ofender	*offend*
orificio	*orifice*
perdón	*pardon (n.)*
perspicaz	*perspicacious*
petróleo	*petroleum*
pirata	*pirate*
preliminar	*preliminary*
prestigio	*prestige*
privilegio	*privilege*
proletario	*proletariat*
propicio	*propitious*
próspero	*prosperous*
pupila	*pupil (eye)*
rapidez	*rapidity*
recibir	*receive*
recompensa	*recompense (n.)*
relieve	*relief (sculpture)*
reparar	*repair (v.)*
sarcasmo	*sarcasm*
severo	*severe*
silencioso	*silent*
sindicato	*syndicate*
substituir	*substitute (v.)*
sucumbir	*succumb*
tambor	*tambour*
telescopio	*telescope*
tetera	*teapot*

List 40

Spanish	English
tortura	*torture (n.)*
tribuna	*tribune*
uniforme	*uniform (adj.)*
usura	*usury*
vagabundo	*vagabond*
venganza	*vengeance*
vigilia	*vigil*

Index

ábaco *abacus* 123
abandonar *abandon* 110
abdicación *abdication* 33
abdicar *abdicate* 84
abdomen *abdomen* 5
abdominal *abdominal* 14
aberración *aberration* 33
aberrante *aberrant* 75
abismal *abysmal* 18
abismo *abyss* 120
abolición *abolition* 33
abolicionista *abolitionist* 20
abolir *abolish* 120
abominable *abominable* 71
abortivo *abortive* 58
abrasividad *abrasiveness* 32
abrasivo *abrasive* 58
abruptamente *abruptly* 101
abrupto *abrupt* 51
absolutamente *absolutely* 101
absorber *absorb* 116
abstener *abstain* 120
abstinencia *abstinence* 24
abstinente *abstinent* 75
abstracción *abstraction* 33
abstractar *abstract* 90
absurdo *absurd* 127
abundancia *abundance* 24
abundante *abundant* 75
abundantemente *abundantly* 101
abundar *abound* 130
abusar *abuse* 94
abusivamente *abusively* 101
abusividad *abusiveness* 32
abuso *abuse* 113
academia *academy* 54
accesible *accessible* 71
accesión *accession* 42
acceso *access* 113
accesorio *accessory* 54
accidentalmente *accidentally* 101
accidente *accident* 75
acción *action* 33

acelerar *accelerate* 84
acento *accent* 51
acentuar *accentuate* 84
aceptable *acceptable* 71
aceptación *acceptance* 110
aceptar *accept* 90
acidificar *acidify* 99
ácido *acid* 80
aclamar *acclaim* 123
aclimatar *acclimate* 84
acompañar *accompany* 127
acostumbrar *accustom* 116
acreditar *accredit* 90
acreedor *creditor* 12
acrimonia *acrimony* 54
actitud *attitude* 113
activar *activate* 84
actividad *activity* 27
activista *activist* 20
activo *active* 58
acto *act* 51
actor *actor* 10
actriz *actress* 123
actuario *actuary* 82
acuerdo *accord* 130
acumulación *accumulation* 33
acumular *accumulate* 84
acumulativo *accumulative* 58
acusable *accusable* 71
acusación *accusation* 33
acusativo *accusative* 58
adaptación *adaptation* 33
adaptador *adaptor* 12
adaptar *adapt* 90
adecuadamente *adequately* 101
adherente *adherent* 75
adherir *adhere* 113
adhesividad *adhesiveness* 32
adhesivo *adhesive* 58
adición *addition* 33
adicional *additional* 18
aditamento *attachment* 44
adivinar *divine* 94

adjudicador *adjudicator* 12
adjudicar *adjudicate* 84
adjurar *adjure* 94
administración *administration* 33
administrador *administrator* 12
administrar *administrate* 84
administrativo *administrative* 58
admirable *admirable* 71
admirablemente *admirably* 101
admiración *admiration* 33
admirar *admire* 94
admisible *admissible* 71
admisión *admission* 42
admitancia *admittance* 24
admitir *admit* 90
adolescencia *adolescence* 24
adolescente *adolescent* 75
adopción *adoption* 33
adoptar *adopt* 90
adoración *adoration* 33
adorar *adore* 94
adquirir *acquire* 123
adquisición *acquisition* 33
adsorbente *adsorbent* 75
adulación *adulation* 33
adulterar *adulterate* 84
adulterio *adultery* 54
adulto *adult* 51
adverbio *adverb* 116
adversamente *adversely* 101
adversario *adversary* 82
adversidad *adversity* 27
adverso *adverse* 123
adyacente *adjacent* 75
aeróbico *aerobic* 63
afable *affable* 71
afección *affection* 33
afectar *affect* 90
afiliar *affiliate* 84
afirmación *affirmation* 33
afirmar *affirm* 120
afirmativo *affirmative* 58
aflicción *affliction* 33

afortunadamente *fortunately* 101
afortunado *fortunate* 113
agencia *agency* 54
agente *agent* 75
ágil *agile* 81
agitación *agitation* 33
agitador *agitator* 12
agitar *agitate* 84
agnóstico *agnostic* 63
agosto *August* 51
agradable *agreeable* 71
agravar *aggravate* 84
agregar *aggregate* 84
agresión *aggression* 42
agresivamente *aggressively* 101
agresividad *aggressiveness* 32
agresivo *aggressive* 58
agresor *aggressor* 12
agrícola *agricultural* 116
agricultura *agriculture* 120
agrupar *group* 113
aire *air* 127
ajustar *adjust* 90
alarma *alarm* 46
alarmar *alarm* 106
álbum *album* 5
alcohol *alcohol* 5
alcohólico *alcoholic* 63
alcoholismo *alcoholism* 22
alegar *allege* 94
alérgico *allergic* 63
alerta *alert* 48
alfabético *alphabetical* 68
alfanumérico *alphanumeric* 63
alianza *alliance* 113
alias *alias* 5
alienar *alienate* 84
alimentación *alimentation* 33
alimentario *alimentary* 82
alimento *aliment* 44
alinear *align* 123
aliviar *alleviate* 84
alquimista *alchemist* 20

altamente *highly* 101
altar *altar* 5
alteración *alteration* 33
alterar *alter* 123
alternar *alternate* 84
alternativamente *alternately* 101
altruismo *altruism* 22
altruísmo *altruism* 22
alusión *allusion* 42
amabilidad *amiability* 27
amalgama *amalgam* 46
amasar *amass* 106
amateur *amateur* 5
ámbar *amber* 110
ambición *ambition* 33
ambicioso *ambitious* 61
ambigüedad *ambiguity* 27
ambivalente *ambivalent* 75
ambulancia *ambulance* 24
ameritar *merit* 90
amigable *amicable* 71
amnistía *amnesty* 54
amonestar *admonish* 127
amortizar *amortize* 94
ampliamente *amply* 101
amplificar *amplify* 99
amputar *amputate* 84
análisis *analysis* 116
analítico *analytic* 63
analizar *analyze* 94
analogía *analogy* 54
análogo *analogous* 110
anarquía *anarchy* 54
anarquista *anarchist* 20
anatomía *anatomy* 54
anatómico *anatomical* 68
ancestral *ancestral* 14
anécdota *anecdote* 127
anestesista *anesthetist* 20
anexo *annex* 123
ángel *angel* 5
angular *angular* 5
ángulo *angle* 49

angustia *anguish* 110
animación *animation* 33
animal *animal* 14
animar *animate* 84
aniversario *anniversary* 82
anónimo *anonymous* 113
anormal *abnormal* 18
anormalizar *abnormalize* 94
antagonista *antagonist* 20
antecedente *antecedent* 75
anterior *anterior* 10
anteriormente *formerly* 101
antibiótico *antibiotic* 63
anticipar *anticipate* 84
antifascista *antifascist* 20
antigüedad *antiquity* 27
antimisil *antimissile* 81
antioxidante *antioxidant* 75
antiséptico *antiseptic* 63
antitóxico *antitoxic* 63
anual *annual* 18
anualizar *annualize* 94
anualmente *annually* 101
anular *annul* 110
anunciar *announce* 94
aparato *apparatus* 116
aparecer *appear* 130
aparente *apparent* 75
aparentemente *seemingly* 101
aparición *apparition* 33
apartar *part* 90
apatía *apathy* 54
apático *apathetic* 63
apelar *appeal* 127
apéndice *appendix* 106
apetito *appetite* 110
aplaudir *applaud* 113
aplauso *applause* 116
aplicable *applicable* 71
aplicación *application* 33
aplomo *aplomb* 106
apocalíptico *apocalyptic* 63
apolítico *apolitical* 68

apologizar *apologize* 94
apoplético *apoplectic* 63
aportar *contribute* 94
apostar *post* 90
apóstol *apostle* 110
apostólico *apostolic* 63
aprehensión *apprehension* 42
aprendiz *apprentice* 106
aprobación *approbation* 33
apropiar *appropriate* 84
aproximadamente *approximately* 101
aproximar *approximate* 84
aptitud *aptitude* 123
aquiescente *acquiescent* 75
arbitrador *arbitrator* 12
arbitrariamente *arbitrarily* 101
arbitrariedad *arbitrariness* 127
arbitrario *arbitrary* 82
arcada *arcade* 110
archipiélago *archipelago* 116
arco *arch* 113
ardiente *ardent* 75
ardor *ardor* 10
argüible *arguable* 71
árido *arid* 80
aristocracia *aristocracy* 54
aristocrático *aristocratic* 63
armar *arm* 120
armonía *harmony* 54
armonioso *harmonious* 61
aroma *aroma* 5
aromatizar *aromatize* 94
arquitecto *architect* 51
arquitectura *architecture* 123
arrepentirse *repent* 110
arrogancia *arrogance* 24
arrogante *arrogant* 75
arruinar *ruin* 127
arte *art* 106
arteria *artery* 54
ártico *arctic* 63
articulación *articulation* 33
articular *articulate* 84

artículo *article* 49
artificial *artificial* 14
artillería *artillery* 54
artista *artist* 20
artístico *artistic* 63
asaltante *assailant* 75
asamblea *assembly* 130
ascender *ascend* 106
ascensión *ascension* 5
asertivo *assertive* 58
asesinar *assassinate* 84
asimetría *asymmetry* 54
asimétrico *asymmetrical* 68
asimilar *assimilate* 84
asociación *association* 33
asociar *associate* 84
aspecto *aspect* 51
aspiración *aspiration* 34
aspirante *aspirant* 75
aspirar *aspire* 94
astrología *astrology* 54
astrológico *astrological* 68
astronomía *astronomy* 54
astronómico *astronomical* 68
astrónomo *astronomer* 123
atacar *attack* 120
ataque *attack* 116
ataxia *ataxia* 5
ateísmo *atheism* 22
ateísta *atheist* 20
atención *attention* 34
atentamente *attentively* 101
atento *attentive* 127
atenuar *attenuate* 85
ático *attic* 63
atípico *atypical* 68
atleta *athlete* 127
atlético *athletic* 63
atmósfera *atmosphere* 106
átomo *atom* 110
atormentar *torment* 90
atracción *attraction* 34
atractivo *attractive* 58

atribuir *attribute* 127
atributo *attribute* 123
atrocidad *atrocity* 27
audacia *audacity* 54
audaz *audacious* 130
audible *audible* 5
audiencia *audience* 24
auditar *audit* 90
auditorio *auditory* 54
aumentar *augment* 90
aumento *augmentation* 116
aurora *aurora* 5
ausencia *absence* 24
austeridad *austerity* 27
austero *austere* 127
autenticar *authenticate* 85
auténtico *authentic* 63
autocracia *autocracy* 54
autografía *autography* 54
autómata *automaton* 127
automáticamente *automatically* 101
automático *automatic* 63
automatizar *automate* 85
automóvil *automobile* 81
autonomía *autonomy* 54
autor *author* 12
autoridad *authority* 27
autorización *authorization* 34
autorizar *authorize* 94
auxiliar *auxiliary* 110
avance *advance* 130
avanzar *advance* 94
avaricia *avarice* 113
avenida *avenue* 116
aventura *adventure* 110
aventurero *adventurer* 113
aversión *aversion* 5
ávido *avid* 80
axioma *axiom* 46
ayudante *adjutant* 75
azur *azure* 127
bacteriología *bacteriology* 54
bacteriológico *bacteriological* 68

bádminton *badminton* 5
balancear *balance* 94
balanza *balance* 106
balcón *balcony* 113
balón *balloon* 116
banco *bank* 127
banda *band* 120
bandido *bandit* 123
banquero *banker* 130
banquete *banquet* 106
baptista *Baptist* 20
barbaridad *barbarity* 27
bárbaro *barbarian* 113
barbero *barber* 120
barón *baron* 5
barra *bar* 110
barril *barrel* 130
base *basis* 110
básicamente *basically* 101
básico *basic* 63
bastardo *bastard* 110
batalla *battle* 113
batallón *battalion* 116
batería *battery* 54
batir *beat* 90
bayoneta *bayonet* 48
bendición *benediction* 34
beneficiar *benefit* 113
beneficiario *beneficiary* 82
beneficio *benefit* 110
benéfico *beneficent* 106
benevolencia *benevolence* 24
benevolente *benevolent* 75
benévolo *benevolent* 120
benigno *benign* 123
bíblico *biblical* 68
bibliografía *bibliography* 54
bibliográfico *bibliographical* 68
bicicleta *bicycle* 130
bidireccional *bidirectional* 18
bienhechor *benefactor* 12
bifocal *bifocal* 14
bikini *bikini* 5

bilateral *bilateral* 14
bilioso *bilious* 61
binario *binary* 82
biografía *biography* 54
biográfico *biographical* 68
biología *biology* 54
biológico *biological* 68
biopsia *biopsy* 54
biotecnología *biotechnology* 54
biotecnológico *biotechnical* 68
bivalente *bivalent* 75
blando *bland* 110
blasfemia *blasphemy* 55
blusa *blouse* 116
bomba *bomb* 123
bonsai *bonsai* 5
botánico *botanic* 63
botanista *botanist* 20
boutique *boutique* 5
boxeador *boxer* 110
bravamente *bravely* 101
bravura *bravery* 120
brevedad *brevity* 27
brevemente *briefly* 101
brigada *brigade* 127
brillante *brilliant* 75
británico *britannic* 63
bronce *bronze* 110
bruscamente *brusquely* 101
brutal *brutal* 14
brutalidad *brutality* 27
brutalmente *brutally* 101
bruto *brute* 123
bucólico *bucolic* 63
budismo *buddhism* 22
budista *Buddhist* 20
buffer *buffer* 5
bulevar *boulevard* 130
burgués *bourgeois* 106
burlesco *burlesque* 127
busto *bust* 51
cable *cable* 71
cabriolé *cabriolet* 110

cactus *cactus* 5
cadáver *cadaver* 5
café *cafe* 5
calamidad *calamity* 27
calamitoso *calamitous* 61
cálcico *calcic* 63
calcificar *calcify* 99
calculabilidad *calculability* 27
calculador *calculator* 12
calcular *calculate* 85
cálculo *calculation* 123
calendario *calendar* 127
calma *calm* 46
calmar *calm* 130
calmosidad *calmness* 32
calumnia *calumny* 55
calvario *calvary* 82
camarada *comrade* 130
camello *camel* 113
campamento *encampment* 44
campeón *champion* 130
canal *canal* 14
canario *canary* 82
cancelable *cancelable* 71
cáncer *cancer* 5
candidato *candidate* 106
candidatura *candidacy* 130
cándido *candid* 80
candor *candor* 10
canibalizar *cannibalize* 94
canón *canon* 5
cantidad *quantity* 27
cantón *canton* 5
caos *chaos* 106
caótico *chaotic* 63
capa *cape* 123
capacidad *capacity* 27
capital *capital* 14
capitalismo *capitalism* 22
capitalista *capitalist* 20
capitán *captain* 110
capricho *caprice* 130
caprichoso *capricious* 61

capturar *capture* 94
característico *characteristic* 63
caracterizar *characterize* 94
caravana *caravan* 116
cardenal *cardinal* 18
cardinal *cardinal* 14
cardiograma *cardiogram* 46
cardiológico *cardiological* 68
caridad *charity* 27
carismático *charismatic* 63
carnaval *carnival* 18
carpintero *carpenter* 127
cartón *carton* 5
cascada *cascade* 106
caso *case* 110
casta *caste* 113
castidad *chastity* 27
castigar *castigate* 85
casual *casual* 14
catalán *Catalan* 5
catalizar *catalyze* 94
catálogo *catalogue* 123
catástrofe *catastrophe* 127
catedral *cathedral* 18
categoría *category* 55
categórico *categorical* 68
catolicismo *catholicism* 22
católico *catholic* 63
causa *cause* 116
causal *causal* 14
causar *cause* 94
cavidad *cavity* 27
ceder *cede* 127
celebracion *celebration* 34
celebrar *celebrate* 85
celeridad *celerity* 27
celeste *celestial* 106
celoso *jealous* 61
cemento *cement* 44
central *central* 14
centro *center* 113
centuria *century* 55
cerámico *ceramic* 64

cereal *cereal* 14
ceremonia *ceremony* 55
ceremonial *ceremonial* 14
certificado *certificate* 123
certificar *certify* 99
cervical *cervical* 14
cesar *cease* 94
champaña *champagne* 127
chauvinismo *chauvinism* 22
cheque *check* 130
chic *chic* 5
chimenea *chimney* 110
chocolate *chocolate* 6
cíclico *cyclic* 64
ciclista *cyclist* 20
ciclo *cycle* 49
ciencia *science* 24
científico *scientific* 64
ciertamente *certainly* 101
cigarillo *cigarette* 127
cigarro *cigar* 123
cilindro *cylinder* 116
cinético *kinetic* 64
ciprés *cypress* 120
circo *circus* 123
circuito *circuit* 51
circulación *circulation* 34
circular *circular* 6
circularizar *circularize* 94
círculo *circle* 49
circuncisión *circumcision* 42
circunstancia *circumstance* 24
cístico *cystic* 64
citación *citation* 34
citar *cite* 94
citoplasma *cytoplasm* 46
ciudad *city* 27
civilización *civilization* 34
civilizar *civilize* 94
claramente *clearly* 101
claridad *clarity* 27
clarificar *clarify* 99
clase *class* 113

clásico *classic* 64
clasificación *classification* 34
clasificar *classify* 99
clemencia *clemency* 55
clemente *clement* 75
clerical *clerical* 14
cliente *client* 75
clientela *clientele* 106
clima *climate* 110
clonar *clone* 94
club *club* 6
cociente *quotient* 75
cocodrilo *crocodile* 49
código *code* 116
coeficiente *coefficient* 75
coexistencia *coexistence* 24
coexistir *coexist* 90
cognitivo *cognitive* 58
cohabitante *cohabitant* 75
cohabitar *cohabit* 90
coherente *coherent* 75
cohesión *cohesion* 6
cohesivo *cohesive* 58
coincidencia *coincidence* 24
coincidir *coincide* 123
colaboración *collaboration* 34
colaborador *collaborator* 12
colaborar *collaborate* 85
colección *collection* 34
colectar *collect* 90
colectividad *collectivity* 27
colega *colleague* 113
colonia *colony* 55
colonial *colonial* 14
coloquial *colloquial* 18
color *color* 10
colorar *color* 106
colosal *colossal* 18
coloso *colossus* 116
columna *column* 120
columnista *columnist* 20
comandante *commandant* 75
combate *combat* 123

combatir *combat* 90
combinación *combination* 34
combinar *combine* 94
combustión *combustion* 6
comediante *comedian* 113
comentario *commentary* 82
comenzar *commence* 95
comercial *commercial* 18
comercio *commerce* 123
comestible *comestible* 71
cometer *commit* 106
cómico *comical* 68
comisión *commission* 42
compacidad *compactness* 32
compañía *company* 55
comparable *comparable* 71
comparación *comparison* 123
comparar *compare* 95
compasión *compassion* 42
compatibilidad *compatibility* 27
compatriota *compatriot* 48
compensación *compensation* 34
competidor *competitor* 12
complaciente *complaisant* 76
complejidad *complexity* 27
complejo *complex* 123
complementar *complement* 90
complementario *complementary* 82
complemento *complement* 44
completamente *completely* 101
completar *complete* 95
completo *complete* 113
complicación *complication* 34
complicado *complicated* 130
complicar *complicate* 85
complicidad *complicity* 27
comportar *comport* 90
composición *composition* 34
comprender *comprehend* 123
comprensible *comprehensible* 71
comprensión *comprehension* 42
compresión *compression* 42
computar *compute* 95

común *common* 106
comunicación *communication* 34
comunicar *communicate* 85
comunidad *community* 27
comunión *communion* 113
comunismo *communism* 22
comunista *communist* 20
concebible *conceivable* 71
concebir *conceive* 116
conceder *concede* 113
concentración *concentration* 34
concentrar *concentrate* 85
concepción *conception* 34
concepto *concept* 51
conceptual *conceptual* 14
concesión *concession* 42
conciencia *conscience* 24
concierto *concert* 51
conciliación *conciliation* 34
conciliar *conciliate* 85
concluir *conclude* 123
conclusión *conclusion* 6
concordante *concordant* 76
concretamente *concretely* 101
concreto *concrete* 130
concurrencia *concurrence* 24
concurrente *concurrent* 76
concurso *concourse* 127
condenación *condemnation* 34
condensar *condense* 95
condición *condition* 34
condicional *conditional* 18
condicionar *conditionate* 85
condimento *condiment* 44
condonar *condone* 95
conducta *conduct* 48
conector *connector* 12
confederación *confederation* 34
conferir *confer* 130
confesar *confess* 110
confesión *confession* 42
confesor *confessor* 12
confianza *confidence* 120
confidencial *confidential* 18
confidente *confident* 76
configurar *configurate* 85
confinar *confine* 95
confirmación *confirmation* 34
confirmar *confirm* 106
conflicto *conflict* 51
confluente *confluent* 76
conforme *conform* 116
confortar *comfort* 90
confusión *confusion* 6
congestivo *congestive* 58
conglomerar *conglomerate* 85
congreso *congress* 123
conjurar *conjure* 95
conmemorar *commemorate* 85
conmensurar *commensurate* 85
conmutar *commute* 95
conquista *conquest* 48
conquistar *conquer* 130
consagración *consecration* 34
consecuencia *consequence* 24
consecutivo *consecutive* 58
consentimiento *consent* 51
consentir *consent* 90
conservación *conservation* 34
conservador *conservator* 12
conservar *conserve* 95
considerable *considerable* 71
consideración *consideration* 34
considerar *consider* 106
consignar *consign* 116
consiguiente *consequent* 76
consistencia *consistence* 24
consistir *consist* 90
consolación *consolation* 34
consolar *console* 95
consolidar *consolidate* 85
consonante *consonant* 76
conspirador *conspirator* 12
conspirar *conspire* 95
constancia *constancy* 55
constante *constant* 76

constantemente *constantly* 102
constitución *constitution* 34
constitucional *constitutional* 18
constituir *constitute* 120
constituyente *constituent* 76
constringente *constringent* 76
construcción *construction* 34
constructivo *constructive* 58
constructor *constructor* 10
construir *construct* 130
cónsul *consul* 6
consultar *consult* 90
consumación *consummation* 34
consumible *consumable* 71
consumir *consume* 116
contactar *contact* 90
contacto *contact* 51
contagioso *contagious* 61
contaminante *contaminant* 76
contaminar *contaminate* 85
contar *count* 90
contemplación *contemplation* 34
contemplar *contemplate* 85
contemporáneo *contemporary* 116
contencioso *contentious* 61
contender *contend* 120
contener *contain* 130
continental *continental* 14
continente *continent* 76
contingencia *contingency* 55
contingente *contingent* 76
continuación *continuation* 34
continuamente *continually* 102
continuar *continue* 95
continuidad *continuity* 27
continuo *continual* 130
contracción *contraction* 35
contractable *contractible* 71
contráctil *contractile* 81
contradecir *contradict* 123
contradicción *contradiction* 35
contradictorio *contradictory* 55
contrariamente *contrarily* 102

contrario *contrary* 82
contrastar *contrast* 90
contraste *contrast* 106
contrato *contract* 51
contribución *contribution* 35
contribuir *contribute* 113
control *control* 6
controlable *controllable* 71
convaleciente *convalescent* 76
convencer *convince* 120
convencible *convincible* 71
convención *convention* 35
convergente *convergent* 76
conversación *conversation* 35
conversacional *conversational* 18
conversar *converse* 95
conversión *conversion* 6
convertible *convertible* 71
convertir *convert* 90
convicción *conviction* 35
convicto *convict* 51
convocar *convoke* 95
cooperación *cooperation* 35
cooperador *cooperator* 12
cooperar *cooperate* 85
cooperativa *cooperative* 127
cooptar *coopt* 91
coordinador *coordinator* 12
coordinar *coordinate* 85
copiar *copy* 110
copioso *copious* 61
coral *coral* 14
cordial *cordial* 14
corolario *corollary* 82
corporación *corporation* 35
corpulencia *corpulence* 24
corpúsculo *corpuscle* 49
corrección *correction* 35
correctamente *correctly* 102
correcto *correct* 51
corredor *corridor* 12
correspondencia *correspondence* 24
correspondiente *correspondent* 76

corrosión *corrosion* 42
corrugar *corrugate* 85
corrupción *corruption* 35
cortar *cut* 91
cortesía *courtesy* 55
cosmético *cosmetic* 64
costal *costal* 14
costar *cost* 91
cráneo *cranium* 106
creación *creation* 35
creador *creator* 12
crear *create* 85
creativo *creative* 58
creciente *crescent* 76
credibilidad *credibility* 28
crédito *credit* 51
crema *cream* 46
crepúsculo *crepuscule* 49
cresta *crest* 48
criatura *creature* 124
crimen *crime* 113
criminal *criminal* 14
criptograma *cryptogram* 46
crisis *crisis* 6
cristal *crystal* 18
cristalizar *crystallize* 95
cristiano *christian* 116
crítica *criticism* 124
crítico *critic* 64
crónica *chronicle* 120
crónico *chronic* 64
cronológico *chronological* 68
crucial *crucial* 14
cruel *cruel* 6
crueldad *cruelty* 28
cruelmente *cruelly* 102
cuadrático *quadratic* 64
cualidad *quality* 28
cuantificar *quantify* 99
cuantitativo *quantitative* 58
cuarto *quarter* 120
cubano *Cuban* 113
cúbico *cubic* 64

cubículo *cubicle* 49
cubo *cube* 116
cuidadosamente *carefully* 102
culinario *culinary* 82
culpable *culpable* 71
cultivador *cultivator* 12
cultivar *cultivate* 85
cultura *culture* 127
cultural *cultural* 14
cumplido *compliment* 113
cumulativo *cumulative* 58
Cupido *cupid* 80
cúpula *cupola* 130
curiosamente *curiously* 102
curiosidad *curiosity* 28
curva *curve* 113
dama *dame* 127
danza *dance* 130
danzar *dance* 95
darvinismo *darwinism* 22
datar *date* 85
debate *debate* 6
debilidad *debility* 28
debilitar *debilitate* 85
debut *debut* 6
década *decade* 124
decadencia *decadence* 24
decencia *decency* 55
decentemente *decently* 102
decididamente *decidedly* 102
decidir *decide* 110
decimal *decimal* 14
decisión *decision* 6
decisivo *decisive* 58
declaración *declaration* 35
declinar *decline* 95
decoración *decoration* 35
decorar *decorate* 85
decreto *decree* 110
dedicación *dedication* 35
dedicar *dedicate* 85
deducción *deduction* 35
deducible *deductible* 71

defecto *defect* 51
defectuoso *defective* 124
defender *defend* 127
defensa *defense* 130
defensivo *defensive* 58
definición *definition* 35
definir *define* 106
definitivamente *definitely* 102
definitivo *definite* 110
deflacionar *deflate* 85
degenerar *degenerate* 85
deidad *deity* 28
deificar *deify* 99
delegación *delegation* 35
delegar *delegate* 85
deliberadamente *deliberately* 102
deliberar *deliberate* 85
delicadeza *delicacy* 127
delicado *delicate* 130
delicioso *delicious* 61
delincuente *delinquent* 76
delinear *delineate* 85
delirio *delirium* 113
democracia *democracy* 55
democrático *democratic* 64
demográfico *demographic* 64
demoler *demolish* 124
demonio *demon* 127
demostración *demonstration* 35
demostrar *demonstrate* 86
denominación *denomination* 35
denominador *denominator* 12
denotar *denote* 95
densidad *density* 28
denso *dense* 116
dentista *dentist* 20
denunciar *denounce* 95
dependencia *dependence* 24
deplorable *deplorable* 71
deplorar *deplore* 95
depositar *deposit* 91
derivar *derive* 95
derivativo *derivative* 58

desagradable *disagreeable* 71
desarmar *disarm* 116
desastre *disaster* 120
descalificar *disqualify* 99
descender *descend* 120
descendiente *descendent* 76
descentralizar *decentralize* 95
desconcertar *disconcert* 91
desconsolado *disconsolate* 114
descontento *discontent* 51
describir *describe* 124
descripción *description* 35
descriptivo *descriptive* 58
deseable *desirable* 71
desear *desire* 95
desembarcar *disembark* 114
desenfatizar *deemphasize* 95
desertar *desert* 91
desesperación *desperation* 35
desesperar *despair* 120
desestabilizar *destabilize* 95
desfavorable *unfavourable* 71
desgraciadamente *unfortunately* 102
deshonestidad *dishonesty* 28
deshonor *dishonor* 12
desierto *desert* 51
designar *designate* 86
desinfectar *disinfect* 91
desistir *desist* 91
desnaturalizar *denaturalize* 95
desnudar *denude* 95
desobediente *disobedient* 76
desorden *disorder* 106
despacho *dispatch* 110
déspota *despot* 48
despotismo *despotism* 22
destilación *distillation* 35
destilería *distillery* 55
destinación *destination* 35
destinar *destine* 95
destino *destiny* 114
destrozar *destroy* 116
destrucción *destruction* 35

destructivo *destructive* 58
desviar *deviate* 86
detalle *detail* 124
detectar *detect* 91
detector *detector* 10
deteriorar *deteriorate* 86
determinar *determine* 95
detestable *detestable* 72
detestar *detest* 91
detractor *detractor* 10
detrimento *detriment* 44
devastar *devastate* 86
devoción *devotion* 35
devorar *devour* 116
devoto *devout* 51
diabético *diabetic* 64
diafragma *diaphragm* 46
diagnóstico *diagnostic* 64
diagonal *diagonal* 14
diagrama *diagram* 46
dial *dial* 14
dialecto *dialect* 51
diálogo *dialogue* 124
diamante *diamond* 130
diámetro *diameter* 127
diariamente *daily* 102
diario *diary* 55
diccionario *dictionary* 82
dictador *dictator* 12
dictar *dictate* 86
diferencia *difference* 24
diferencial *differential* 18
diferenciar *differentiate* 86
diferente *different* 76
difícil *difficult* 120
difícilmente *difficultly* 102
dificultad *difficulty* 128
difunto *defunct* 51
difusión *diffusion* 42
digestión *digestion* 6
digital *digital* 14
dignidad *dignity* 28
dignificar *dignify* 99

digresivo *digressive* 58
diligencia *diligence* 24
diligentemente *diligently* 102
dimensión *dimension* 6
dimensional *dimensional* 15
diminutivo *diminutive* 58
dinámico *dynamic* 64
dinastía *dynasty* 55
diócesis *diocese* 120
diplomático *diplomatic* 64
directamente *directly* 102
directo *direct* 51
director *director* 10
discernir *discern* 128
disciplina *discipline* 107
disciplinar *discipline* 95
disciplinario *disciplinary* 82
discípulo *disciple* 49
discordante *discordant* 76
discordia *discord* 120
discreción *discretion* 35
discretamente *discreetly* 102
discreto *discreet* 51
discriminar *discriminate* 86
discurso *discourse* 116
disgustar *disgust* 91
disipar *dissipate* 86
disolución *dissolution* 35
disolver *dissolve* 107
disparidad *disparity* 28
dispersar *disperse* 95
disposición *disposition* 35
disputa *dispute* 124
disputar *dispute* 95
distancia *distance* 24
distante *distant* 76
distinción *distinction* 35
distinguir *distinguish* 130
distinto *distinct* 51
distracción *distraction* 35
distribución *distribution* 35
distribuidor *distributor* 12
distribuir *distribute* 111

distrito *district* 51
disuasión *dissuasion* 42
disuasivo *dissuasive* 58
diván *divan* 6
divergencia *divergence* 24
divergente *divergent* 76
diversificar *diversify* 99
diversión *diversion* 6
divertir *divert* 91
divino *divine* 130
división *division* 6
divorciar *divorce* 96
divulgar *divulge* 96
doblar *double* 96
doble *double* 72
dócil *docile* 81
doctor *doctor* 10
doctrina *doctrine* 128
doctrinal *doctrinal* 15
documentación *documentation* 35
documentar *document* 91
documentario *documentary* 82
documento *document* 44
dogma *dogma* 6
dogmatizar *dogmatize* 96
domesticar *domesticate* 86
doméstico *domestic* 64
domicilio *domicile* 111
dominación *domination* 35
dominar *dominate* 86
donador *donor* 12
dragón *dragon* 6
drama *drama* 6
dramático *dramatic* 64
dual *dual* 15
dúctil *ductile* 81
duelo *duel* 114
duplicar *duplicate* 86
duque *duke* 117
durabilidad *durability* 28
durable *durable* 72
duración *duration* 36
ebullición *ebullition* 36

eclesiástico *ecclesiastical* 68
eclíptico *ecliptic* 64
eco *echo* 117
ecología *ecology* 55
ecologista *ecologist* 20
economía *economy* 55
económicamente *economically* 102
económico *economic* 64
economista *economist* 20
ecosistema *ecosystem* 46
edición *edition* 36
edicto *edict* 51
edificar *edify* 99
edificio *edifice* 130
educacional *educational* 18
educativo *educative* 58
efectividad *effectiveness* 32
efecto *effect* 52
eficacia *efficacy* 55
eficiencia *efficiency* 55
eficiente *efficient* 76
efusión *effusion* 42
efusividad *effusiveness* 32
egocéntrico *egocentric* 64
egoísta *egoist* 20
egotismo *egotism* 22
ejecutable *executable* 72
ejecutivo *executive* 58
ejecutor *executor* 12
elaboración *elaboration* 36
elasticidad *elasticity* 28
elástico *elastic* 64
elección *election* 36
elector *elector* 10
electoral *electoral* 15
electricidad *electricity* 28
eléctrico *electric* 64
electrificar *electrify* 99
electrocardiograma *electrocardiogram* 46
electronico *electronic* 64
elefante *elephant* 76
elegancia *elegance* 24
elegante *elegant* 76

elegibilidad *eligibility* 28
elegible *eligible* 72
elemental *elemental* 18
elemento *element* 44
elevación *elevation* 36
elevar *elevate* 86
eliminar *eliminate* 86
elocuencia *eloquence* 24
elocuente *eloquent* 76
elogio *eulogy* 55
elucidar *elucidate* 86
emanar *emanate* 86
emancipar *emancipate* 86
embajador *ambassador* 12
embalsamar *embalm* 117
embarcar *embark* 120
emblema *emblem* 46
emergencia *emergence* 24
emergente *emergent* 76
emigración *emigration* 36
emigrante *emigrant* 76
emigrar *emigrate* 86
eminente *eminent* 76
emitir *emit* 91
emoción *emotion* 36
emocional *emotional* 18
emperador *emperor* 12
endosar *endorse* 96
enemigo *enemy* 124
energía *energy* 55
enérgicamente *energetically* 102
enérgico *energetic* 64
energizar *energize* 96
enervar *enervate* 86
énfasis *emphasis* 117
engendrar *engender* 114
enigma *enigma* 6
enorme *enormous* 120
enormemente *enormously* 102
ensalada *salad* 124
enteramente *entirely* 102
entonación *intonation* 36
entrar *enter* 124

entusiasmo *enthusiasm* 128
entusiasta *enthusiast* 48
enumerar *enumerate* 86
enunciar *enunciate* 86
envidia *envy* 55
envidioso *envious* 61
enzimático *enzymatic* 64
epicúreo *epicure* 117
epidérmico *epidermic* 64
epigrama *epigram* 46
episodio *episode* 120
época *epoch* 124
equidad *equity* 28
equilibrar *equilibrate* 86
equilibrio *equilibrium* 107
equivalencia *equivalence* 24
equivalente *equivalent* 76
era *era* 6
eréctil *erectile* 81
erosivo *erosive* 59
erótico *erotic* 64
errante *errant* 76
errar *err* 117
error *error* 10
erudición *erudition* 36
escandalizar *scandalize* 96
escándalo *scandal* 124
escandaloso *scandalous* 61
escénico *scenic* 64
escepticismo *skepticism* 22
escéptico *sceptic* 64
escolástico *scholastic* 64
escrúpulo *scruple* 49
escultor *sculptor* 13
escultura *sculpture* 120
esencia *essence* 24
esencial *essential* 18
esencialmente *essentially* 102
esotérico *esoteric* 64
espacio *space* 131
espaciosidad *spaciousness* 32
especial *special* 18
especialidad *specialty* 28

especializar *specialize* 96
especialmente *specially* 102
específicamente *specifically* 102
especioso *specious* 61
espectral *spectral* 18
especulación *speculation* 36
especulador *speculator* 13
especular *speculate* 86
especulativo *speculative* 59
esperma *sperm* 46
espiral *spiral* 18
espiritual *spiritual* 18
espléndido *splendid* 80
esplendor *splendor* 13
esponsor *sponsor* 13
espontáneamente *spontaneously* 102
espontaneidad *spontaneousness* 32
espontáneo *spontaneous* 131
estabilidad *stability* 28
establecer *establish* 114
establecimiento *establishment* 52
estación *station* 36
estacional *seasonal* 111
estandardizar *standardize* 96
estático *static* 65
estatua *statue* 114
estatuto *statute* 117
estéril *sterile* 81
esterilidad *sterility* 28
esterilizar *sterilize* 96
estético *aesthetic* 65
estilo *style* 49
estimable *estimable* 72
estipular *stipulate* 86
estoicismo *stoicism* 22
estómago *stomach* 124
estrangular *strangle* 96
estrategia *strategy* 55
estratégico *strategical* 68
estrictamente *strictly* 102
estructura *structure* 107
estructural *structural* 18
estructurar *structure* 96

estuario *estuary* 82
estupefacción *stupefaction* 36
estúpido *stupid* 80
estupor *stupor* 13
eternamente *eternally* 102
eternidad *eternity* 28
eternizar *eternize* 96
eterno *eternal* 124
etimológico *etymological* 68
étnico *ethnic* 65
eufemismo *euphemism* 22
evacuar *evacuate* 86
evadir *evade* 114
evaluar *evaluate* 86
evasión *evasion* 42
evasivo *evasive* 59
evidencia *evidence* 25
evidente *evident* 77
evidentemente *evidently* 102
evocar *evoke* 96
evolución *evolution* 36
evolucionista *evolutionist* 20
exactamente *exactly* 102
exactitud *exactitude* 117
exacto *exact* 52
exageración *exaggeration* 36
exagerar *exaggerate* 86
exaltación *exaltation* 36
exaltar *exalt* 91
examen *examination* 111
examinar *examine* 96
excelencia *excellence* 25
excelente *excellent* 77
excentricidad *eccentricity* 28
excéntrico *eccentric* 65
excepción *exception* 36
excepcional *exceptional* 18
excepcionalmente *exceptionally* 102
excepto *except* 52
excesivamente *excessively* 102
excesivo *excessive* 59
exceso *excess* 111
excitación *excitation* 36

exclamación *exclamation* 36
excluir *exclude* 131
exclusivamente *exclusively* 102
exclusividad *exclusiveness* 32
exclusivo *exclusive* 59
excremento *excrement* 44
excursión *excursion* 6
excusa *excuse* 117
exención *exemption* 36
exhaustivo *exhaustive* 59
exhibición *exhibition* 36
exhibir *exhibit* 131
exhortar *exhort* 91
exigencia *exigency* 55
existencia *existence* 25
existir *exist* 91
exorbitante *exorbitant* 77
exorcizar *exorcize* 96
exótico *exotic* 65
expansión *expansion* 6
expansivo *expansive* 59
expatriar *expatriate* 86
expectante *expectant* 77
expedición *expedition* 36
experiencia *experience* 25
experimental *experimental* 15
experimento *experiment* 44
experto *expert* 52
expiación *expiation* 36
expirar *expire* 96
explicación *explication* 36
explicitar *explicit* 91
exploración *exploration* 36
explorar *explore* 96
explosión *explosion* 6
explosivo *explosive* 59
explotación *exploitation* 36
explotar *exploit* 91
exponencial *exponential* 18
exportación *exportation* 36
exportar *export* 91
exposición *exposition* 36
expositor *exhibitor* 13
expresar *express* 107
expresión *expression* 42
expresivo *expressive* 59
expreso *express* 131
expulsar *expel* 107
expulsión *expulsion* 6
exquisito *exquisite* 120
extensible *extensible* 72
extensión *extension* 6
exterior *exterior* 10
extinguir *extinguish* 131
extra *extra* 6
extracción *extraction* 36
extracto *extract* 52
extraordinariamente *extraordinarily* 102
extraordinario *extraordinary* 82
extrapolar *extrapolate* 86
extremadamente *extremely* 103
extremidad *extremity* 28
extremista *extremist* 20
extremo *extreme* 120
exuberante *exuberant* 77
exultante *exultant* 77
exultar *exult* 91
eyectar *eject* 91
fabricación *fabrication* 36
fabricar *fabricate* 86
fábula *fable* 128
fabuloso *fabulous* 61
facción *faction* 36
facilidad *facility* 28
facilitar *facilitate* 86
facsímil *facsimile* 81
factor *factor* 10
factual *factual* 15
falsear *falsify* 107
falsedad *falsity* 28
falsificar *falsify* 99
falso *false* 131
fama *fame* 114
familia *family* 55
familiaridad *familiarity* 28
familiarizar *familiarize* 96

famosamente *famously* 103
famoso *famous* 61
fanatismo *fanaticism* 22
fantasía *fantasy* 55
fantástico *fantastic* 65
farmacéutico *pharmaceutical* 68
farmacia *pharmacy* 55
farmacología *pharmacology* 55
farmacológico *pharmacological* 68
fascinar *fascinate* 86
fascista *fascist* 20
fatalidad *fatality* 28
fatiga *fatigue* 117
fatuo *fatuous* 121
favor *favor* 10
favorable *favorable* 72
favorecer *favor* 128
favorito *favorite* 107
fax *fax* 6
federación *federation* 36
federalismo *federalism* 22
felicidad *felicity* 28
felicitación *felicitation* 36
felicitar *felicitate* 86
felonía *felony* 55
femenino *feminine* 124
feminismo *feminism* 22
fenómeno *phenomenon* 111
fermentar *ferment* 91
fermento *ferment* 44
ferocidad *ferocity* 28
feroz *ferocious* 131
fértil *fertile* 81
fertilizar *fertilize* 96
ferviente *fervent* 77
fervor *fervor* 10
festival *festival* 15
festivo *festive* 59
fétido *fetid* 80
fibra *fiber* 124
ficción *fiction* 37
fidelidad *fidelity* 28
fiduciario *fiduciary* 82

figurativo *figurative* 59
filamento *filament* 44
filantrópico *philanthropic* 65
filial *filial* 15
filosofía *philosophy* 55
filosófico *philosophical* 68
filósofo *philosopher* 114
filtrar *filtrate* 87
fin *finis* 131
final *final* 15
finalidad *finality* 28
finalmente *finally* 103
financiero *financial* 124
finanza *finance* 121
fino *fine* 128
firmamento *firmament* 44
firme *firm* 107
firmemente *firmly* 103
físicamente *physically* 103
físico *physical* 68
físil *fissile* 81
fisiológico *physiological* 68
fisión *fission* 42
flácido *flaccid* 80
flagrante *flagrant* 77
flameante *flamboyant* 77
flexibilidad *flexibility* 28
flotar *float* 91
fluctuar *fluctuate* 87
fluido *fluid* 80
fluorescente *fluorescent* 77
folículo *follicle* 49
fomentar *foment* 91
fónico *phonic* 65
forma *form* 46
formalidad *formality* 28
formalmente *formally* 103
formar *form* 117
formidable *formidable* 72
fórmula *formula* 6
formular *formulate* 87
fortificar *fortify* 99
fortuna *fortune* 117

forzado *forced* 111
forzar *force* 96
fósforo *phosphorus* 124
fosforoso *phosphorous* 61
fotogénico *photogenic* 65
fotografía *photograph* 131
fotografiar *photograph* 128
fotográfico *photographic* 65
fotostático *photostatic* 65
fracción *fraction* 37
fragancia *fragrance* 25
frágil *fragile* 81
fragmentario *fragmentary* 82
fragmento *fragment* 44
francamente *frankly* 103
franco *frank* 111
fraternizar *fraternize* 96
fraudulencia *fraudulence* 25
frecuencia *frequency* 55
frecuentar *frequent* 91
frecuente *frequent* 77
frecuentemente *frequently* 103
frenético *frenetic* 65
frequente *frequent* 77
fresco *fresh* 131
frígido *frigid* 80
frivolidad *frivolity* 28
frívolo *frivolous* 111
frustración *frustration* 37
frustrar *frustrate* 87
fruta *fruit* 48
frutero *fruiterer* 128
fuertemente *strongly* 103
fugitivo *fugitive* 59
función *function* 37
funcional *functional* 18
funcionar *function* 131
funcionario *functionary* 82
fundación *foundation* 37
fundamental *fundamental* 15
fundamentalmente *fundamentally* 103
fundamento *fundament* 44
funeral *funeral* 15

furia *fury* 56
furioso *furious* 61
furor *fury* 131
furtivo *furtive* 59
galante *gallant* 77
galaxia *galaxy* 56
galería *gallery* 56
galope *gallop* 114
garantía *guarantee* 121
garantizar *guarantee* 96
gas *gas* 7
gasolina *gasoline* 124
gástrico *gastric* 65
gendarme *gendarme* 7
generación *generation* 37
general *general* 15
generalidad *generality* 28
generalizar *generalize* 96
generalmente *generally* 103
generar *generate* 87
genérico *generic* 65
generosidad *generosity* 29
generoso *generous* 61
geneticista *geneticist* 20
genético *genetic* 65
genetista *geneticist* 20
genio *genius* 131
gentileza *gentility* 111
genuino *genuine* 114
geografía *geography* 56
geográfico *geographical* 68
geología *geology* 56
geológico *geological* 68
geométrico *geometrical* 68
geopolítico *geopolitical* 68
geranio *geranium* 124
geriátrico *geriatric* 65
germen *germ* 128
germinar *germinate* 87
gesticular *gesticulate* 87
gesto *gesture* 111
gigante *giant* 77
gigantesco *gigantic* 117

gimnasio *gymnasium* 111
gimnástico *gymnastic* 65
girar *gyrate* 87
glacial *glacial* 15
gladiador *gladiator* 13
globo *globe* 124
glóbulo *globule* 49
gloria *glory* 56
glorificar *glorify* 99
glorioso *glorious* 61
glosario *glossary* 82
gobernador *governor* 13
golf *golf* 7
gótico *gothic* 65
gourmet *gourmet* 7
gradiente *gradient* 77
gradual *gradual* 15
graduar *graduate* 87
gráfico *graphic* 65
gramática *grammar* 131
grandeza *grandeur* 107
granito *granite* 111
grano *grain* 128
gránulo *granule* 49
gratificar *gratify* 99
gratis *gratis* 7
gratitud *gratitude* 124
grave *grave* 7
gravedad *graveness* 32
gravemente *gravely* 103
grotesco *grotesque* 107
grupo *group* 111
guardia *guard* 124
guillotina *guillotine* 128
guitarra *guitar* 131
gusto *gusto* 7
habitación *habitation* 37
habitar *inhabit* 91
hábito *habit* 52
habitual *habitual* 15
habitualmente *habitually* 103
hacha *hatchet* 111
harmonía *harmony* 56

héctico *hectic* 65
helicoidal *helical* 19
hemisférico *hemispherical* 69
hemisferio *hemisphere* 117
heráldico *heraldic* 65
heredero *heir* 114
hereditario *hereditary* 82
herejía *heresy* 56
herético *heretic* 65
héroe *hero* 107
heróico *heroic* 65
heroísmo *heroism* 22
hesitar *hesitate* 87
hético *hectic* 65
hibernar *hibernate* 87
híbrido *hybrid* 80
hidráulico *hydraulic* 65
hidrógeno *hydrogen* 131
hierba *herb* 121
higiene *hygiene* 107
higiénico *hygienic* 65
hipocresía *hypocrisy* 56
hipócrita *hypocrite* 114
hispánico *Hispanic* 65
histérico *hysterical* 69
histograma *histogram* 46
histológico *histological* 69
historia *history* 56
historiador *historian* 117
historicista *historicist* 20
histórico *historic* 65
historietista *historicist* 20
histriónico *histrionic* 65
homicidio *homicide* 128
homogéneo *homogeneous* 131
homología *homology* 56
honestidad *honesty* 29
honor *honor* 10
honorable *honorable* 72
honorario *honorary* 82
honorífico *honorific* 65
horizontal *horizontal* 15
horizonte *horizon* 121

horrendo *horrendous* 128
horrible *horrible* 72
horriblemente *horribly* 103
hórrido *horrid* 80
horror *horror* 10
hospital *hospital* 15
hospitalidad *hospitality* 29
hospitalizar *hospitalize* 96
hostil *hostile* 81
hostilidad *hostility* 29
hotel *hotel* 7
humanidad *humanity* 29
humanismo *humanism* 22
humanista *humanist* 20
humano *human* 131
humedad *humidity* 29
húmedo *humid* 111
humildad *humility* 29
humillación *humiliation* 37
humillar *humiliate* 87
huracán *hurricane* 128
icónico *iconic* 65
idea *idea* 7
ideal *ideal* 15
idealismo *idealism* 22
idealizar *idealize* 96
idéntico *identical* 69
identidad *identity* 29
identificable *identifiable* 72
identificación *identification* 37
ideología *ideology* 56
ideológico *ideological* 69
idiomático *idiomatic* 65
idiosincrásico *idiosyncratic* 65
idiota *idiot* 48
ignorancia *ignorance* 25
ignorante *ignorant* 77
igualdad *equality* 29
igualmente *equally* 103
iguana *iguana* 7
ilegal *illegal* 19
ilegible *illegible* 72
ilógico *illogical* 69

iluminar *illuminate* 87
ilusión *illusion* 42
ilustración *illustration* 37
ilustrar *illustrate* 87
ilustre *illustrious* 107
imagen *image* 111
imaginación *imagination* 37
imaginar *imagine* 96
imaginario *imaginary* 82
imaginativo *imaginative* 59
imbécil *imbecile* 81
imitación *imitation* 37
imitar *imitate* 87
impaciencia *impatience* 25
imparcial *impartial* 19
impartir *impart* 91
impasible *impassible* 72
imperativo *imperative* 59
imperceptible *imperceptible* 72
imperfecto *imperfect* 52
imperial *imperial* 15
imperio *empire* 121
impertinencia *impertinence* 25
impetuoso *impetuous* 61
implacable *implacable* 72
implementar *implement* 91
implicar *implicate* 87
implorar *implore* 96
implosión *implosion* 42
importación *importation* 37
importancia *importance* 25
importante *important* 77
importar *import* 91
importuno *importunate* 107
imposibilidad *impossibility* 29
imposible *impossible* 72
imposición *imposition* 37
impotencia *impotence* 25
impotente *impotent* 77
impráctico *impractical* 69
impredecible *unpredictable* 72
impregnar *impregnate* 87
impresión *impression* 42

improvisar *improvise* 96
imprudencia *imprudence* 25
imprudente *imprudent* 77
impudente *impudent* 77
impulsión *impulsion* 7
impuro *impure* 124
inaccesible *inaccessible* 72
inaceptable *unacceptable* 72
inadmisible *inadmissible* 72
inaplicable *inapplicable* 72
inaugurar *inaugurate* 87
incapacidad *incapacity* 29
incentivo *incentive* 59
incesante *incessant* 77
incidental *incidental* 15
incidente *incident* 77
incipiente *incipient* 77
incisión *incision* 42
incitar *incite* 96
inclasificable *unclassifiable* 72
inclinación *inclination* 37
inclinar *incline* 96
inclusivo *inclusive* 59
incomparable *incomparable* 72
incompatible *incompatible* 72
incompetente *incompetent* 77
incompleto *incomplete* 107
incomprensible *incomprehensible* 72
incontestable *incontestable* 72
incontrolable *uncontrollable* 72
inconveniente *inconvenient* 77
incorporación *incorporation* 37
incorporar *incorporate* 87
increíble *incredible* 72
incremental *incremental* 15
incuestionable *unquestionable* 72
incurable *incurable* 72
indecisión *indecision* 7
indefinido *indefinite* 111
independencia *independence* 25
independiente *independent* 77
independientemente *independently* 103
indicación *indication* 37

indicar *indicate* 87
indicativo *indicative* 59
indiferencia *indifference* 25
indiferente *indifferent* 77
indígena *indigenous* 114
indignación *indignation* 37
indio *Indian* 121
indirecto *indirect* 52
indiscreción *indiscretion* 37
indiscreto *indiscreet* 52
indiscutible *indisputable* 72
indispensable *indispensable* 72
individual *individual* 15
individuo *individual* 111
indolencia *indolence* 25
indolente *indolent* 77
indudablemente *undoubtedly* 103
indulgencia *indulgence* 25
indulgente *indulgent* 77
industria *industry* 56
industrial *industrial* 15
industrializar *industrialize* 96
ineficacia *inefficacy* 56
ineficiente *inefficient* 77
inelegante *inelegant* 77
inerte *inert* 131
inestimable *inestimable* 73
inevitable *inevitable* 73
inevitablemente *inevitably* 103
inexistente *inexistent* 77
inexplicable *inexplicable* 73
inextricable *inextricable* 73
infalible *infallible* 73
infame *infamous* 124
infamia *infamy* 56
infancia *infancy* 56
infantería *infantry* 56
infantil *infantile* 81
infatigable *indefatigable* 73
infección *infection* 37
infectar *infect* 91
inferencia *inference* 25
inferior *inferior* 10

infernal *infernal* 15
infértil *infertile* 81
infierno *inferno* 121
infiltrar *infiltrate* 87
infinidad *infinity* 29
infinitamente *infinitely* 103
inflamable *inflammable* 73
inflar *inflate* 87
influencia *influence* 25
influir *influence* 107
influyente *influential* 111
información *information* 37
informar *inform* 114
infrecuente *infrequent* 77
ingenioso *ingenious* 61
ingratitud *ingratitude* 124
ingrediente *ingredient* 78
inhumano *inhuman* 128
inicial *initial* 19
inicialmente *initially* 103
iniciativa *initiative* 131
injuria *injury* 56
injusticia *injustice* 114
injustificable *unjustifiable* 73
injusto *unjust* 52
inmanejable *unmanageable* 73
inmediatamente *immediately* 103
inmediato *immediate* 111
inmensidad *immensity* 29
inmenso *immense* 117
inmersión *immersion* 42
inmigrar *immigrate* 87
inminente *imminent* 78
inmolar *immolate* 87
inmortal *immortal* 19
inmortalizar *immortalize* 96
inmovilidad *immobility* 29
inmunizar *immunize* 97
innecesario *unnecessary* 82
innoble *ignoble* 73
innovación *innovation* 37
innovar *innovate* 87
inocencia *innocence* 25

inocente *innocent* 78
inocular *inoculate* 87
inofensivo *inoffensive* 59
insaciable *insatiable* 73
insano *insane* 128
inscripción *inscription* 37
insecto *insect* 52
inseguridad *insecurity* 29
insensibilizar *desensitize* 97
insensible *insensible* 73
inseparable *inseparable* 73
insertar *insert* 91
insignificante *insignificant* 78
insinuar *insinuate* 87
insípido *insipid* 80
insistencia *insistence* 25
insistir *insist* 91
insolencia *insolence* 25
insolente *insolent* 78
insoluble *insoluble* 73
insolvente *insolvent* 78
insoportable *insupportable* 73
inspección *inspection* 37
inspector *inspector* 10
inspiración *inspiration* 37
inspirar *inspire* 97
instable *unstable* 73
instalación *installation* 37
instalar *install* 128
instantáneamente *instantaneously* 103
instintivamente *instinctively* 103
instintivo *instinctive* 59
instinto *instinct* 52
institución *institution* 37
institucional *institutional* 19
instituir *institute* 128
instituto *institute* 124
instrucción *instruction* 37
instrumental *instrumental* 15
instrumento *instrument* 44
insuficiencia *insufficiency* 56
insuficiente *insufficient* 78
insular *insular* 7

insultar *insult* 92
insuperable *insuperable* 73
insurgente *insurgent* 78
intacto *intact* 52
integración *integration* 37
integral *integral* 15
integrante *integrant* 78
integrar *integrate* 87
integridad *integrity* 29
intelectual *intellectual* 19
inteligencia *intelligence* 25
inteligente *intelligent* 78
intención *intention* 37
intencional *intentional* 19
intensamente *intensely* 103
intensidad *intensity* 29
intensivo *intensive* 59
intenso *intense* 107
intento *intent* 52
interactivo *interactive* 59
interés *interest* 121
interesar *interest* 124
interferencia *interference* 25
interior *interior* 10
interlocutor *interlocutor* 10
interminable *interminable* 73
internacional *international* 19
internacionalizar *internationalize* 97
interpelación *interpellation* 37
interpolar *interpolate* 87
interpretación *interpretation* 37
interpretar *interpret* 92
intérprete *interpreter* 117
interrogar *interrogate* 87
interrumpir *interrupt* 124
interrupción *interruption* 37
intervalo *interval* 131
intervenir *intervene* 107
interviú *interview* 111
íntimamente *intimately* 103
intimidad *intimacy* 114
intimidar *intimidate* 87
íntimo *intimate* 117

intolerable *intolerable* 73
intolerante *intolerant* 78
intransferible *untransferable* 73
intrépido *intrepid* 80
intriga *intrigue* 107
introducción *introduction* 38
intuición *intuition* 38
intuitivo *intuitive* 59
inundar *inundate* 87
inusual *unusual* 19
invadir *invade* 124
invariable *invariable* 73
invasión *invasion* 7
invencible *invincible* 73
invención *invention* 38
inventar *invent* 92
inversión *inversion* 42
inverso *inverse* 114
inversor *investor* 13
invertir *invest* 92
investigador *investigator* 13
investigar *investigate* 87
investir *invest* 92
invisible *invisible* 73
invitación *invitation* 38
invitar *invite* 97
invocar *invoke* 97
involuntario *involuntary* 82
inyección *injection* 38
inyectar *inject* 92
ionizar *ionize* 97
iris *iris* 7
ironía *irony* 56
irónico *ironical* 69
irreal *unreal* 19
irreductible *irreducible* 73
irregular *irregular* 7
irrelevante *irrelevant* 78
irreparable *irreparable* 73
irresistible *irresistible* 73
irresoluto *irresolute* 111
irresponsable *irresponsible* 73
irreverente *irreverent* 78

irreversible *irreversible* 7
irrevocable *irrevocable* 73
irrigar *irrigate* 88
irritación *irritation* 38
irritar *irritate* 88
irrupción *irruption* 38
isla *isle* 124
itálico *italic* 66
iterar *iterate* 88
itinerario *itinerary* 82
jardinero *gardener* 117
jarra *jar* 128
jerga *jargon* 131
jovial *jovial* 15
júbilo *jubilance* 107
judicial *judicial* 15
judiciario *judiciary* 83
júnior *junior* 10
jurídico *juridical* 69
jurisdicción *jurisdiction* 38
jurisprudencia *jurisprudence* 25
justamente *justly* 103
justicia *justice* 128
justificable *justifiable* 73
justificación *justification* 38
justificar *justify* 99
justo *just* 52
juvenil *juvenile* 81
karma *karma* 7
kilogramo *kilogram* 111
kilómetro *kilometer* 114
kiwi *kiwi* 7
laberinto *labyrinth* 131
lábil *labile* 81
laborar *labor* 121
laboratorio *laboratory* 56
laboriosidad *laboriousness* 32
laborioso *laborious* 61
láctico *lactic* 66
laico *laic* 66
lamentable *lamentable* 73
lamentablemente *lamentably* 103
lamentar *lament* 92

laminar *laminate* 88
lámpara *lamp* 117
lánguido *languid* 80
lanza *lance* 121
lasitud *lassitude* 107
latencia *latency* 56
latente *latent* 78
latín *Latin* 7
latitud *latitude* 111
laudable *laudable* 73
laurel *laurel* 7
legal *legal* 15
legalizar *legalize* 97
legendario *legendary* 83
legible *legible* 73
legión *legion* 7
legislación *legislation* 38
legislador *legislator* 13
legítimo *legitimate* 107
legumbre *legume* 111
lengua *language* 125
lentamente *slowly* 103
lesión *lesion* 42
letal *lethal* 19
letárgico *lethargic* 66
lexicográfico *lexicographical* 69
liberación *liberation* 38
liberal *liberal* 15
liberar *liberate* 88
libertad *liberty* 125
libremente *freely* 103
licencia *licence* 25
licor *liquor* 13
ligamento *ligament* 44
ligeramente *lightly* 103
limitación *limitation* 38
limitar *limit* 92
límpido *limpid* 80
línea *line* 107
lineal *lineal* 15
lingüista *linguist* 20
lingüístico *linguistic* 66
lípido *lipid* 80

liquidar *liquidate* 88
líquido *liquid* 80
lírico *lyric* 66
lista *list* 21
listar *list* 92
literal *literal* 15
literalmente *literally* 103
literario *literary* 83
literatura *literature* 131
litográfico *lithographic* 66
lívido *livid* 80
lóbulo *lobule* 49
local *local* 15
localidad *locality* 29
locomotora *locomotive* 114
logarítmico *logarithmic* 66
lógicamente *logically* 103
lógico *logical* 69
longitud *longitude* 121
lubricante *lubricant* 78
lubricar *lubricate* 88
lúcido *lucid* 80
lucrativo *lucrative* 59
lúgubre *lugubrious* 128
luminoso *luminous* 61
mágico *magic* 66
magistrado *magistrate* 117
magnético *magnetic* 66
magnetofónico *magnetic* 66
magnífico *magnificent* 121
magnilocuente *magniloquent* 78
magnitud *magnitude* 125
majestad *majesty* 131
majestuoso *majestic* 66
maldición *malediction* 38
malicia *malice* 111
malicioso *malicious* 61
maligno *malignant* 114
malinterpretar *misinterpret* 92
mandamiento *mandamus* 121
mandato *mandate* 125
manía *mania* 7
manifestación *manifestation* 38
manifestar *manifest* 92
manifiesto *manifest* 52
mansión *mansion* 7
manual *manual* 16
manuscrito *manuscript* 52
mapa *map* 125
maquinaria *machinery* 56
maravilla *marvel* 125
maravilloso *marvelous* 61
marcar *mark* 117
marchar *march* 128
margen *margin* 131
marginal *marginal* 16
marital *marital* 16
marítimo *maritime* 107
mártir *martyr* 121
máscara *mask* 131
masivo *massive* 59
matemático *mathematical* 69
materializar *materialize* 97
materno *maternal* 117
matrimonial *matrimonial* 16
matrimonio *matrimony* 56
matrona *matron* 128
maximizar *maximize* 97
máximo *maximum* 131
mayoría *majority* 56
mecánico *mechanical* 69
mecanismo *mechanism* 22
medalla *medal* 117
media *median* 121
mediador *mediator* 13
mediar *mediate* 88
medicamento *medicament* 44
medicina *medicine* 131
medieval *medieval* 16
mediocre *mediocre* 7
mediocridad *mediocrity* 29
meditación *mediation* 38
meditar *meditate* 88
melancolía *melancholy* 56
melancólico *melancholic* 66
melodía *melody* 56

melodioso *melodious* 61
melón *melon* 7
memorable *memorable* 73
memoria *memory* 56
mención *mention* 38
mencionar *mention* 117
mental *mental* 16
mentalidad *mentality* 29
mentalmente *mentally* 103
mentor *mentor* 10
menú *menu* 7
mercante *merchant* 78
mercantil *mercantile* 81
mercurio *mercury* 56
mérito *merit* 52
metabolismo *metabolism* 22
metal *metal* 16
metálico *metallic* 66
meteórico *meteoric* 66
meteoro *meteor* 107
meteorologista *meteorologist* 21
meticulosidad *meticulousness* 32
meticuloso *meticulous* 61
metódico *methodic* 66
metodología *methodology* 56
metro *meter* 111
metrópoli *metropolis* 121
microbiológico *microbiological* 69
microscópico *microscopic* 66
milicia *militia* 131
militar *military* 128
militarmente *militarily* 104
millón *million* 107
mina *mine* 111
mineral *mineral* 16
minero *miner* 114
miniatura *miniature* 121
minimalista *minimalist* 21
mínimo *minimum* 125
ministerio *ministry* 56
ministro *ministry* 128
minoría *minority* 56
minuto *minute* 107

miserable *miserable* 74
miseria *misery* 56
misil *missile* 81
misión *mission* 42
misterioso *mysterious* 61
místico *mystic* 66
mistificación *mystification* 38
mistificar *mystify* 99
mixto *mix* 121
mnemotécnico *mnemonic* 66
moda *mode* 131
modelo *model* 107
moderación *moderation* 38
moderar *moderate* 88
modernidad *modernness* 32
moderno *modern* 117
modestia *modesty* 57
modesto *modest* 52
modificación *modification* 38
modificar *modify* 99
molde *mold* 107
momentáneamente *momentarily* 104
momentáneo *momentary* 117
momento *moment* 44
monarca *monarch* 125
monasterio *monastery* 57
moneda *money* 131
monetario *monetary* 83
monóculo *monocle* 49
monográfico *monographic* 66
monograma *monogram* 46
monolítico *monolithic* 66
monólogo *monologue* 107
monopolio *monopoly* 57
monosílabo *monosyllable* 114
monotonía *monotony* 57
monótono *monotonous* 117
monstruo *monster* 125
monstruoso *monstrous* 61
montaña *mountain* 117
monte *mount* 78
monumental *monumental* 16
monumento *monument* 44

moral *moral* 16
moralidad *morality* 29
moralista *moralist* 21
mórbido *morbid* 80
morboso *morbid* 117
moribundo *moribund* 121
mortal *mortal* 16
mortificar *mortify* 99
motivar *motivate* 88
motociclista *motorcyclist* 21
motor *motor* 10
motorista *motorist* 21
movible *movable* 74
móvil *mobile* 81
movilizar *mobilize* 97
movimiento *movement* 52
mucoso *mucous* 62
múltiple *multiple* 7
multiplicar *multiply* 107
múltiplo *multiple* 49
multitud *multitude* 111
mundano *mundane* 114
municipal *municipal* 16
municipalidad *municipality* 29
murmullo *murmur* 125
murmurar *murmur* 128
músculo *muscle* 49
muselina *muslin* 114
museo *museum* 107
música *music* 111
musical *musical* 16
músico *musical* 69
mutante *mutant* 78
mutar *mutate* 88
mutilar *mutilate* 88
mutuamente *mutually* 104
mutuo *mutual* 121
naciente *nascent* 78
nación *nation* 38
nacional *national* 19
nacionalidad *nationality* 29
nacionalismo *nationalism* 22
nacionalista *nationalist* 21

nadir *nadir* 7
narcisismo *narcissism* 22
narración *narration* 38
narrador *narrator* 13
narrar *narrate* 88
natal *natal* 16
natural *natural* 16
naturalidad *naturalness* 32
naturalismo *naturalism* 22
naturalmente *naturally* 104
naturismo *naturism* 22
nausear *nauseate* 88
naval *naval* 16
navegable *navigable* 74
navegación *navigation* 38
necesariamente *necessarily* 104
necesario *necessary* 83
necesidad *necessity* 29
necesitar *necessitate* 88
negativo *negative* 59
negligencia *negligence* 25
negligente *negligent* 78
negociable *negotiable* 74
negociación *negotiation* 38
negociador *negotiator* 13
negociar *negotiate* 88
neoplasma *neoplasm* 46
nepotismo *nepotism* 22
nervio *nerve* 132
nerviosidad *nervousness* 32
nervioso *nervous* 62
neumónico *pneumonic* 66
neural *neural* 16
neurológico *neurological* 69
neutro *neutral* 111
no *no* 7
noble *noble* 74
noción *notion* 38
nocturno *nocturnal* 121
nódulo *nodule* 49
nominación *nomination* 38
nominar *nominate* 88
norma *norm* 46

normal *normal* 16
normalidad *normality* 29
normalmente *normally* 104
norte *north* 132
notable *notable* 74
notar *note* 97
notario *notary* 83
notificar *notify* 99
notorio *notorious* 132
novedad *novelty* 29
novela *novel* 108
novelista *novelist* 21
nucleico *nucleic* 66
núcleo *nucleus* 114
nudismo *nudism* 22
nudista *nudist* 21
numérico *numerical* 69
número *number* 117
numeroso *numerous* 62
nutrición *nutrition* 38
nutriente *nutrient* 78
oasis *oasis* 7
obediencia *obedience* 25
obediente *obedient* 78
obelisco *obelisk* 108
obertura *overture* 132
obituario *obituary* 83
objeción *objection* 38
objetar *object* 92
objetivo *objective* 59
objeto *object* 52
oblicuo *oblique* 132
obligación *obligation* 38
obligar *oblige* 97
obligatorio *obligatory* 57
obscuridad *obscurity* 29
obscuro *obscure* 108
observacion *observation* 38
observador *observer* 117
observar *observe* 97
obsesión *obsession* 42
obstáculo *obstacle* 49
obstinación *obstinacy* 125

obstruir *obstruct* 128
obtener *obtain* 132
obviamente *obviously* 104
obviedad *obviousness* 32
occidente *occident* 78
oceánico *oceanic* 66
océano *ocean* 125
oceanográfico *oceanographical* 69
ocupación *occupation* 38
ocupar *occupy* 114
ocurrir *occur* 117
odioso *odious* 62
ofender *offend* 132
ofensa *offense* 108
ofensivo *offensive* 59
oferta *offer* 114
oficialmente *officially* 104
oficiosidad *officiousness* 32
oftalmológico *ophthalmological* 69
ofuscar *obfuscate* 88
oh *oh* 7
oliva *olive* 125
omisión *omission* 43
omitir *omit* 92
ómnibus *omnibus* 7
omnipotencia *omnipotence* 25
omnipotente *omnipotent* 78
omnipresencia *omnipresence* 25
omnipresente *omnipresent* 78
omnisciente *omniscient* 78
oneroso *onerous* 62
opacidad *opacity* 29
opalescente *opalescent* 78
opción *option* 38
ópera *opera* 8
operación *operation* 38
operar *operate* 88
opinar *opine* 97
opinión *opinion* 8
oportunidad *opportunity* 29
oposición *opposition* 38
opresión *oppression* 43
óptico *optic* 66

optimismo *optimism* 23
optimista *optimist* 21
optimizar *optimize* 97
opulencia *opulence* 25
oración *oration* 39
oráculo *oracle* 49
orador *orator* 13
oral *oral* 16
orgánico *organic* 66
organismo *organism* 23
organización *organization* 39
organizar *organize* 97
orgía *orgy* 57
orientación *orientation* 39
oriental *oriental* 16
oriente *orient* 78
orificio *orifice* 132
origen *origin* 108
original *original* 16
originalidad *originality* 29
ornamento *ornament* 44
orquesta *orchestra* 108
ortografía *orthography* 57
oscilar *oscillate* 88
oscuridad *obscurity* 29
osificar *ossify* 99
ostentación *ostentation* 39
oxígeno *oxygen* 108
paciencia *patience* 25
paciente *patient* 78
pacificar *pacify* 99
pacífico *pacific* 66
pacifista *pacifist* 21
pacto *pact* 52
pagano *pagan* 118
página *page* 121
palacio *palace* 125
pálido *pallid* 80
palma *palm* 46
palpar *palpate* 88
palpitar *palpitate* 88
pánico *panic* 66
panorama *panorama* 8

paradigma *paradigm* 46
paraíso *paradise* 121
paralelo *parallel* 125
paralizar *paralyze* 97
parcial *partial* 19
parcialmente *partially* 104
parlamentario *parliamentary* 83
participación *participation* 39
participar *participate* 88
particularizar *particularize* 97
particularmente *particularly* 104
pasado *past* 114
pasión *passion* 43
pasivo *passive* 59
pasta *paste* 118
pastor *pastor* 10
patentar *patent* 92
paterno *paternal* 125
patético *pathetic* 66
patio *patio* 8
patológico *pathological* 69
patriarca *patriarch* 111
patriota *patriot* 48
patriótico *patriotic* 66
patriotismo *patriotism* 23
pausa *pause* 128
pavimento *pavement* 44
pecuniario *pecuniary* 83
pedagogo *pedagogue* 112
pedante *pedant* 78
pedestal *pedestal* 16
penalidad *penalty* 29
péndulo *pendulum* 121
penetración *penetration* 39
penetrar *penetrate* 88
península *peninsula* 8
penitenciario *penitentiary* 83
pensativo *pensive* 59
pensión *pension* 8
penumbra *penumbra* 8
perceptible *perceptible* 74
perdón *pardon* 132
perdonar *pardon* 108

perfección *perfection* 39
perfeccionar *perfect* 118
perfeccionista *perfectionist* 21
perfectamente *perfectly* 104
pérfido *perfidious* 128
perfumar *perfume* 97
periódico *periodic* 66
periodismo *journalism* 23
periodístico *journalistic* 66
período *period* 108
perla *pearl* 108
permanencia *permanency* 57
permanente *permanent* 78
permanentemente *permanently* 104
permisivo *permissive* 59
permiso *permit* 121
permitir *permit* 92
pernicioso *pernicious* 62
perpetuar *perpetuate* 88
perpetuidad *perpetuity* 29
perpetuo *perpetual* 128
persecución *persecution* 39
perseverar *persevere* 97
persistir *persist* 92
persona *person* 114
personal *personal* 16
personalidad *personality* 30
personalmente *personally* 104
perspectiva *perspective* 128
perspicaz *perspicacious* 132
persuadir *persuade* 108
pertinente *pertinent* 78
perturbar *perturb* 112
perversidad *perversity* 30
perverso *perverse* 114
peseta *peseta* 8
peste *pest* 121
pétalo *petal* 125
petición *petition* 39
petróleo *petroleum* 132
piano *piano* 8
piedad *piety* 30
pigmentar *pigment* 92

pigmento *pigment* 44
piloso *pilous* 62
piloto *pilot* 52
pináculo *pinnacle* 49
pino *pine* 125
pirámide *pyramid* 118
pirata *pirate* 132
pistola *pistol* 108
pivotar *pivot* 92
plácido *placid* 80
plaga *plague* 114
plan *plan* 8
planeta *planet* 48
plantar *plant* 92
plástico *plastic* 66
platear *plate* 88
plato *plate* 108
plausible *plausible* 74
plaza *plaza* 8
plenipotente *plenipotent* 79
plenitud *plenitude* 115
pluralidad *plurality* 30
poblacion *population* 39
población *population* 39
poema *poem* 46
poesía *poetry* 57
poeta *poet* 48
poético *poetical* 69
polar *polar* 8
polaridad *polarity* 30
polémica *polemic* 112
policía *police* 115
polinizar *pollinate* 88
político *political* 69
polo *pole* 49
pompa *pomp* 121
pomposidad *pompousness* 32
pomposo *pompous* 62
ponderar *ponder* 128
popular *popular* 8
popularidad *popularity* 30
populoso *populous* 62
porcelana *porcelain* 115

porción *portion* 39
porosidad *porosity* 30
poroso *porous* 62
portal *portal* 16
portentoso *portentous* 62
posdatar *post-date* 88
posesión *possession* 43
posibilidad *possibility* 30
posible *possible* 74
posiblemente *possibly* 104
posición *position* 39
positivo *positive* 59
postal *postal* 16
posteridad *posterity* 30
potencia *potency* 57
potencial *potential* 19
práctica *practice* 108
practicar *practise* 97
práctico *practical* 69
preámbulo *preamble* 49
precaución *precaution* 39
precedente *precedent* 79
preceder *precede* 121
precepto *precept* 52
precioso *precious* 62
precipicio *precipice* 108
precipitación *precipitation* 39
precipitar *precipitate* 88
precisamente *precisely* 104
precisión *precision* 8
precursor *precursor* 10
predecesor *predecessor* 13
predeterminar *predetermine* 97
predicar *predicate* 88
predominancia *predominance* 25
preexistir *preexist* 92
prefecto *prefect* 52
prefectura *prefecture* 112
preferencia *preference* 25
preferible *preferable* 74
preferir *prefer* 115
prejuicio *prejudiced* 125
prelado *prelate* 129

preliminar *preliminary* 132
prematuro *premature* 108
preocupación *preoccupation* 39
preocupado *preoccupied* 115
preparación *preparation* 39
preposición *preposition* 39
prerrogativa *prerogative* 125
presciente *prescient* 79
prescribir *prescribe* 129
presencia *presence* 26
presentación *presentation* 39
presentimiento *presentiment* 52
preservar *preserve* 97
presidencia *presidency* 57
presidencial *presidential* 19
presidente *president* 79
presidir *preside* 121
prestigio *prestige* 132
presumir *presume* 108
pretensión *pretension* 8
pretexto *pretext* 52
prevalecer *prevail* 118
prevención *prevention* 39
previamente *previously* 104
previsión *prevision* 8
primario *primary* 83
primero *primary* 129
primitivo *primitive* 59
primordial *primordial* 16
princesa *princess* 108
principio *principle* 115
prioridad *priority* 30
prisión *prison* 121
prisionero *prisoner* 125
prisma *prism* 46
privación *privation* 39
privilegio *privilege* 132
probabilidad *probability* 30
probable *probable* 74
probablemente *probably* 104
problema *problem* 46
problemático *problematic* 67
procesión *procession* 43

proclamación *proclamation* 39
proclamar *proclaim* 129
prodigioso *prodigious* 62
producción *production* 39
productividad *productiveness* 32
producto *product* 52
profano *profane* 121
profesión *profession* 43
profesional *professional* 19
profesionalismo *professionalism* 23
profesor *professor* 13
profeta *prophet* 48
profundamente *profoundly* 104
programa *program* 46
progresivamente *progressively* 104
progresivo *progressive* 60
progreso *progress* 118
prohibición *prohibition* 39
proletario *proletariat* 132
proliferar *proliferate* 88
prolífico *prolific* 67
prólogo *prologue* 108
prolongar *prolong* 112
promesa *promise* 115
promocional *promotional* 19
prontitud *promptitude* 118
pronunciar *pronounce* 97
propaganda *propaganda* 8
propagar *propagate* 88
propiamente *properly* 104
propicio *propitious* 132
propiedad *property* 30
propietario *proprietor* 115
proporción *proportion* 39
proporcional *proportional* 19
proposición *proposition* 39
prosa *prose* 125
prosaico *prosaic* 67
proscribir *proscribe* 121
prosperidad *prosperity* 30
próspero *prosperous* 132
protección *protection* 39
protector *protector* 10

protestación *protestation* 39
protestante *protestant* 79
protestar *protest* 92
proveedor *purveyor* 13
proverbio *proverb* 125
providencia *providence* 26
provincia *province* 26
provincial *provincial* 16
provisión *provision* 8
provocar *provoke* 97
proximidad *proximity* 30
proyección *projection* 39
proyectil *projectile* 81
prudencia *prudence* 26
prudencial *prudential* 19
prudente *prudent* 79
psicología *psychology* 57
psicológico *psychological* 69
psíquico *psychic* 67
púbico *pubic* 67
publicable *publishable* 74
publicación *publication* 39
públicamente *publicly* 104
publicar *publish* 118
publicidad *publicity* 30
publicitario *publicity* 57
público *public* 67
pueril *puerile* 81
puerto *port* 52
púlpito *pulpit* 52
pulso *pulse* 129
pulverizar *pulverize* 97
punitivo *punitive* 60
pupila *pupil* 132
puramente *purely* 104
purificar *purify* 99
puro *pure* 108
quieto *quiet* 52
quietud *quietude* 129
quimérico *chimerical* 69
químico *chemical* 69
quirúrgico *surgical* 69
racional *rational* 19

racista *racist* 21
radiador *radiator* 13
radiante *radiant* 79
radical *radical* 16
radicalmente *radically* 104
radio *radio* 8
radiológico *radiological* 69
rancho *ranch* 122
rápidamente *rapidly* 104
rapidez *rapidity* 132
rápido *rapid* 80
raramente *rarely* 104
rata *rat* 48
ratificar *ratify* 99
rayo *ray* 122
razón *reason* 115
razonable *reasonable* 74
razonar *reason* 118
reacción *reaction* 39
reactivar *reactivate* 89
readmitir *readmit* 92
reajustar *readjust* 92
real *real* 16
realidad *reality* 30
realismo *realism* 23
realista *realist* 21
realización *realization* 39
rebelde *rebel* 125
rebelión *rebellion* 129
recepción *reception* 39
recepcionista *receptionist* 21
receptáculo *receptacle* 49
recesión *recession* 43
recesivo *recessive* 60
recibir *receive* 132
reciclable *recyclable* 74
recientemente *recently* 104
recíproco *reciprocal* 115
recitar *recite* 97
reclinar *recline* 97
reclutar *recruit* 92
recobrar *recover* 125
recomendación *recommendation* 40

recomendar *recommend* 125
recomenzar *recommence* 97
recompensa *recompense* 132
recompensar *recompense* 97
reconciliar *reconcile* 97
reconstituir *reconstitute* 115
reconstruir *reconstruct* 118
recreación *recreation* 40
recrear *recreate* 89
rectángulo *rectangle* 49
rectificar *rectify* 99
rectitud *rectitude* 115
recurso *recourse* 122
redoblar *redouble* 97
reducción *reduction* 40
reducir *reduce* 125
reelección *re-election* 40
reembolsar *reimburse* 98
refectorio *refectory* 57
referencia *reference* 26
refinamiento *refinement* 52
refinar *refine* 98
reflexión *reflexion* 8
reflexivo *reflexive* 60
reforma *reform* 46
reformar *reform* 129
reformular *reformulate* 89
refractario *refractory* 57
refugio *refuge* 108
regalar *regale* 98
regenerar *regenerate* 89
régimen *regime* 115
regimiento *regiment* 53
región *region* 8
regional *regional* 16
regresión *regression* 43
regresivo *regressive* 60
regulador *regulator* 13
regularidad *regularity* 30
regularmente *regularly* 104
reinar *reign* 112
reinvertir *reinvest* 92
reiterar *reiterate* 89

reivindicación *reivindication* 40
rejuvenecer *rejuvenate* 118
relatar *relate* 89
relativamente *relatively* 104
relieve *relief* 132
religión *religion* 8
religiosidad *religiousness* 32
religioso *religious* 62
reluctante *reluctant* 79
remarcable *remarkable* 74
remediar *remedy* 115
remedio *remedy* 57
remitir *remit* 92
renaciente *renascent* 79
rencor *rancour* 125
renovación *renovation* 40
renunciar *renounce* 98
reparación *reparation* 40
reparar *repair* 132
repintar *repaint* 92
reposar *repose* 98
reposo *repose* 115
reprensible *reprehensible* 74
representación *representation* 40
representante *representative* 129
representar *represent* 92
representativo *representative* 60
represión *repression* 43
reproche *reproach* 108
reproducción *reproduction* 40
reproducir *reproduce* 112
reptil *reptile* 81
republicano *republican* 118
repugnancia *repugnance* 26
reputación *reputation* 40
requerir *require* 129
resentimiento *resentment* 53
reserva *reserve* 108
reservar *reserve* 98
residencia *residence* 26
residente *resident* 79
residir *reside* 115
resignación *resignation* 40

resina *resin* 125
resistencia *resistance* 26
resistir *resist* 92
resolución *resolution* 40
resonante *resonant* 79
respectivo *respective* 60
respetable *respectable* 74
respetar *respect* 92
respetuoso *respectful* 118
respiración *respiration* 40
respirar *respire* 98
resplandeciente *resplendent* 79
responder *respond* 108
respondiente *respondent* 79
responsabilidad *responsibility* 30
responsable *responsible* 74
restaurante *restaurant* 79
restaurar *restore* 98
restricción *restriction* 40
restrictivo *restrictive* 60
resultado *result* 125
resultar *result* 92
resurgente *resurgent* 79
retardar *retard* 129
retirar *retire* 98
retórica *rhetoric* 115
retornar *return* 108
reumatismo *rheumatism* 23
reunión *reunion* 8
reunir *reunite* 115
revelación *revelation* 40
reverencia *reverence* 26
reverente *reverent* 79
revertir *revert* 92
revisión *revision* 8
revolución *revolution* 40
revolucionario *revolutionary* 83
revuelta *revolt* 48
rico *rich* 122
ridículo *ridiculous* 125
riel *rail* 8
rigor *rigor* 10
rigurosamente *rigorously* 104

rigurosidad *rigorousness* 32
riguroso *rigorous* 62
rítmico *rhythmic* 67
rito *rite* 112
ritual *ritual* 16
rival *rival* 16
robusto *robust* 53
roca *rock* 125
romance *romance* 8
romántico *romantic* 67
rosa *rose* 108
rotor *rotor* 11
rotundo *rotund* 112
rudimentario *rudimentary* 83
rudimento *rudiment* 44
rudo *rude* 118
rufián *ruffian* 122
ruina *ruin* 125
ruinoso *ruinous* 62
rumiante *ruminant* 79
ruptura *rupture* 108
rural *rural* 16
rústico *rustic* 67
ruta *route* 115
sacrificar *sacrifice* 98
sacrificio *sacrifice* 118
salario *salary* 83
saliente *salient* 79
salmón *salmon* 8
saludar *salute* 98
salva *salvo* 118
salvación *salvation* 40
sanción *sanction* 40
santidad *sanctity* 30
sapiencia *sapience* 26
sarcasmo *sarcasm* 132
sarcástico *sarcastic* 67
satánico *satanic* 67
sátira *satire* 112
satisfacción *satisfaction* 40
satisfactorio *satisfactory* 57
satisfecho *satisfied* 122
saturar *saturate* 89

sazonar *season* 126
sección *section* 40
secretamente *secretly* 104
secretaria *secretary* 57
secretario *secretary* 83
secreto *secret* 53
secta *sect* 48
sector *sector* 11
secuencia *sequence* 26
secuencial *sequential* 19
secular *secular* 8
secundario *secondary* 83
sedentario *sedentary* 83
sedimentar *sediment* 92
seducción *seduction* 40
seducir *seduce* 112
seductivo *seductive* 60
segmentar *segment* 93
segmento *segment* 44
segundo *second* 129
seguridad *security* 30
selección *selection* 40
semántico *semantic* 67
semicircular *semicircular* 8
semiconductor *semiconductor* 11
senado *senate* 118
senador *senator* 13
senil *senile* 81
sensación *sensation* 40
sensacional *sensational* 19
sensibilidad *sensibility* 30
sensor *sensor* 11
sensual *sensual* 17
sentimental *sentimental* 17
sentimiento *sentiment* 53
separación *separation* 40
separadamente *separately* 104
separar *separate* 89
séptico *septic* 67
sepulcro *sepulchre* 126
serenidad *serenity* 30
sereno *serene* 129
seriedad *seriousness* 32

serio *serious* 108
sermón *sermon* 8
serpiente *serpent* 79
servicio *service* 122
servil *servile* 81
servir *serve* 118
sesión *session* 43
severamente *severely* 104
severidad *severity* 30
severo *severe* 132
sexismo *sexism* 23
sexo *sex* 115
sexual *sexual* 17
sicológico *psychological* 69
significación *signification* 40
significante *significant* 79
significar *signify* 99
signo *sign* 118
sílaba *syllable* 122
silencio *silence* 129
silenciosamente *silently* 104
silencioso *silent* 132
silueta *silhouette* 112
simbiótico *symbiotic* 67
simbólico *symbolic* 67
símbolo *symbol* 126
simétrico *symmetric* 67
similaridad *similarity* 30
simpatía *sympathy* 57
simplemente *simply* 105
simplicidad *simplicity* 30
simplificar *simplify* 99
simulador *simulator* 13
simultáneamente *simultaneously* 105
simultáneo *simultaneous* 122
sinceramente *sincerely* 105
sinceridad *sincerity* 30
sincero *sincere* 129
sincronizar *synchronize* 98
sindicato *syndicate* 132
síndico *syndic* 67
sinergético *synergistic* 67
singular *singular* 8

singularmente *singularly* 105
siniestro *sinister* 118
sinóptico *synoptic* 67
sintético *synthetic* 67
sintetizar *synthesize* 98
síntoma *symptom* 46
sinuoso *sinuous* 62
sirena *siren* 122
sirviente *servient* 79
sísmico *seismic* 67
sistema *system* 46
sistemático *systematic* 67
sistematizar *systematize* 98
sistémico *systemic* 67
situación *situation* 40
situar *situate* 89
soberanía *sovereignty* 57
sobrehumano *superhuman* 112
sobrenatural *supernatural* 19
sobriedad *sobriety* 30
social *social* 17
socialista *socialist* 21
socializar *socialize* 98
sociedad *society* 30
sociológico *sociological* 69
sofisma *sophism* 47
sofocar *suffocate* 89
solamente *solely* 105
solar *solar* 8
solemne *solemn* 115
solemnidad *solemnity* 30
solicitar *solicit* 93
solicitud *solicitude* 126
sólidamente *solidly* 105
solidaridad *solidarity* 30
solidificar *solidify* 100
sólido *solid* 80
solitario *solitary* 83
solo *solo* 8
soluble *soluble* 74
solución *solution* 40
solvencia *solvency* 57
sombrío *somber* 122

sónico *sonic* 67
sonoro *sonorous* 126
soporífico *soporific* 67
sorpresa *surprise* 129
suave *suave* 9
subcontratar *subcontract* 93
subelemento *sub-element* 44
subjetivo *subjective* 60
sublime *sublime* 9
submarino *submarine* 108
subordinar *subordinate* 89
subscribir *subscribe* 118
subsidiario *subsidiary* 83
subsiguiente *subsequent* 79
subsistir *subsist* 93
substancia *substance* 26
substancial *substantial* 19
substituir *substitute* 132
substituto *substitute* 129
subterráneo *subterranean* 112
subvención *subvention* 40
sucesión *succession* 43
sucesivamente *successively* 105
sucesivo *successive* 60
sucesor *successor* 13
sucumbir *succumb* 132
suficiente *sufficient* 79
suficientemente *sufficiently* 105
suicidio *suicide* 126
suma *sum* 47
sumario *summary* 83
sumergir *submerge* 112
suntuario *sumptuary* 83
superconductor *superconductor* 11
superficial *superficial* 17
superfluo *superfluous* 108
superintendente *superintendent* 79
superior *superior* 11
superioridad *superiority* 30
superstición *superstition* 40
supervisar *supervise* 98
supervisor *supervisor* 11
suplementario *supplementary* 83

suplicante *supplicant* 79
suposición *supposition* 40
supremo *supreme* 126
supresión *suppression* 43
supuestamente *supposedly* 105
susceptible *susceptible* 74
suspender *suspend* 108
suspensión *suspension* 9
suspenso *suspense* 112
sustentar *sustain* 118
sustitución *substitution* 40
tabaco *tobacco* 108
taciturno *taciturn* 118
táctica *tactics* 126
táctil *tactile* 81
tacto *tact* 53
talento *talent* 53
tambor *tambour* 132
tangencial *tangential* 19
tangible *tangible* 74
taoísmo *taoism* 23
taoísta *taoist* 21
tardo *tardy* 108
tarifa *tariff* 112
tarta *tart* 48
té *tea* 109
teatral *theatrical* 19
teatro *theatre* 122
técnica *technique* 115
técnico *technical* 69
tecnología *technology* 57
tecnológico *technological* 69
teísmo *theism* 23
teléfono *telephone* 129
telegrafiar *telegraph* 126
telegráfico *telegraphic* 67
telégrafo *telegraph* 122
telegrama *telegram* 47
telescopio *telescope* 132
tema *theme* 126
temperamento *temperament* 44
temperatura *temperature* 112
tempestad *tempest* 115

templo *temple* 49
temporal *temporary* 122
temporario *temporary* 83
tendencia *tendency* 57
tendón *tendon* 9
tenebroso *tenebrous* 62
tensión *tension* 9
tentación *temptation* 40
tentativo *tentative* 60
teología *theology* 57
teoría *theory* 57
teóricamente *theoretically* 105
termal *thermal* 19
terminar *terminate* 89
termómetro *thermometer* 112
ternario *ternary* 83
terraza *terrace* 115
terrenal *terrestrial* 19
terreno *terrain* 118
terrestre *terrestrial* 122
terrible *terrible* 74
terriblemente *terribly* 105
territorio *territory* 57
terror *terror* 11
terrorista *terrorist* 21
tesis *thesis* 115
testamento *testament* 44
testículo *testicle* 49
testimonio *testimony* 57
tetera *teapot* 132
textil *textile* 81
texto *text* 53
tibio *tepid* 112
tigre *tiger* 122
tímidamente *timidly* 105
timidez *timidity* 126
tinte *tint* 79
típico *typical* 69
tiranía *tyranny* 57
tiránico *tyrannical* 70
título *title* 49
tolerancia *tolerance* 26
tolerar *tolerate* 89

tono *tone* 118
tormento *torment* 45
torrente *torrent* 79
tortura *torture* 133
torturar *torture* 98
total *total* 17
totalidad *totality* 30
totalmente *totally* 105
tractor *tractor* 9
tradición *tradition* 40
tradicional *traditional* 19
tradicionalmente *traditionally* 105
traducción *translation* 41
traductor *translator* 13
tráfico *traffic* 67
tragedia *tragedy* 57
trágico *tragic* 67
tranquilamente *tranquilly* 105
tranquilo *tranquil* 112
transcendental *transcendental* 17
transferible *transferable* 74
transfigurar *transfigure* 98
transformación *transformation* 41
transformar *transform* 122
transfusión *transfusion* 43
transición *transition* 41
transistor *transistor* 11
translocar *translocate* 89
transmitir *transmit* 93
transparencia *transparency* 57
transparente *transparent* 79
transpirar *transpire* 98
transporte *transport* 112
transvasar *transvase* 98
trascendencia *transcendence* 26
trasluciente *translucent* 79
traspasar *trespass* 118
traumático *traumatic* 67
trémulo *tremulous* 115
tren *train* 109
triángulo *triangle* 50
tribu *tribe* 126
tribuna *tribune* 133

tribunal *tribunal* 17
triciclo *tricycle* 50
tricolor *tricolored* 109
triple *triple* 9
triplicar *triplicate* 89
triunfante *triumphant* 79
triunfar *triumph* 118
triunfo *triumph* 115
trofeo *trophy* 126
trompetero *trumpeter* 112
tronco *trunk* 115
trono *throne* 118
tropical *tropical* 17
trópico *tropic* 67
trotar *trot* 93
trovador *troubadour* 109
tubo *tube* 118
tumor *tumor* 11
tumulto *tumult* 53
túnel *tunnel* 129
túnica *tunic* 126
turbulento *turbulent* 53
turismo *tourism* 23
turista *tourist* 21
turístico *touristic* 67
tutor *tutor* 11
ubicuidad *ubiquity* 30
ulceroso *ulcerous* 62
ulterior *ulterior* 11
ultrasónico *ultrasonic* 67
unánime *unanimous* 126
ungüento *unguent* 53
únicamente *uniquely* 105
unicidad *uniqueness* 32
unidad *unity* 31
unido *united* 112
unificar *unify* 100
uniforme *uniform* 133
unión *union* 9
unitario *unitary* 83
universal *universal* 17
universidad *university* 31
universitario *university* 57

universo *universe* 122
urbano *urbane* 112
urgencia *urgency* 57
urgente *urgent* 79
urgentemente *urgently* 105
usar *use* 98
usual *usual* 17
usualmente *usually* 105
usura *usury* 133
usurpar *usurp* 129
utilidad *utility* 31
utilización *utilization* 41
utilizar *utilize* 98
vacaciones *vacation* 122
vacante *vacant* 79
vacilación *vacillation* 41
vacilar *vacillate* 89
vacunar *vaccinate* 89
vagabundo *vagabond* 133
vagamente *vaguely* 105
vagina *vagina* 9
vago *vague* 109
valeroso *valorous* 62
validar *validate* 89
válido *valid* 80
valiente *valiant* 79
valor *valor* 11
valuar *evaluate* 89
vandalismo *vandalism* 23
vanguardia *vanguard* 126
vanidad *vanity* 31
vapor *vapor* 11
variabilidad *variability* 31
variable *variable* 74
variación *variation* 41
variar *vary* 118
variedad *variety* 31
vasallo *vassal* 122
vastamente *vastly* 105
vastedad *vastness* 32
vasto *vast* 53
vegetal *vegetable* 129
vegetarianismo *vegetarianism* 23

vehemencia *vehemence* 26
vehículo *vehicle* 50
velocidad *velocity* 31
vena *vein* 112
vendedor *vendor* 13
veneno *venom* 112
venenoso *venomous* 62
venerable *venerable* 74
veneración *veneration* 41
venerar *venerate* 89
venganza *vengeance* 133
ventrículo *ventricle* 50
verbal *verbal* 17
verbo *verb* 115
verdura *verdure* 122
verificable *verifiable* 74
verificar *verify* 100
versión *version* 9
vertical *vertical* 17
veterano *veteran* 112
viabilidad *viability* 31
viable *viable* 74
vibrar *vibrate* 89
vicio *vice* 118
vicioso *vicious* 62
víctima *victim* 47
victoria *victory* 57
victorioso *victorious* 62
vigilancia *vigilance* 26
vigilia *vigil* 133
vigor *vigor* 11
vigoroso *vigorous* 62
villano *villain* 118
vinagre *vinegar* 122
violación *violation* 41
violencia *violence* 26
violentamente *violently* 105
violento *violent* 53
violeta *violet* 48
violín *violin* 9
virgen *virgin* 118
viril *virile* 81
virilidad *virility* 31

virtualmente *virtually* 105
virtud *virtue* 129
virtuoso *virtuous* 62
virulencia *virulence* 26
visibilidad *visibility* 31
visible *visible* 74
visiblemente *visibly* 105
visión *vision* 9
visionario *visionary* 83
visita *visit* 48
visitante *visitor* 13
visitar *visit* 93
visualizar *visualize* 98
vital *vital* 17
vitalidad *vitality* 31
vituperar *vituperate* 89
vituperio *vituperation* 109
vivacidad *vivacity* 31
vívido *vivid* 80
vizconde *viscount* 109
vocabulario *vocabulary* 83
vocación *vocation* 41
vocacional *vocational* 19
volcán *volcano* 119
voltio *volt* 122
volumen *volume* 126
voluntariamente *voluntarily* 105
voluntario *voluntary* 83
voluptuoso *voluptuous* 62
vomitar *vomit* 93
voracidad *voraciousness* 32
votar *vote* 98
voto *vote* 115
vulgar *vulgar* 9
vulnerable *vulnerable* 9
zen *zen* 9
zona *zone* 126